U0656627

网络舆情对企业价值的影响的理论研究

Theoretical Research on the Impact of Online Public Opinion on Corporate Value

闫璐　著

东北财经大学出版社　大连
Dongbei University of Finance & Economics Press

图书在版编目（CIP）数据

网络舆情对企业价值的影响的理论研究 / 闫璐著. —大连：东北财经大学出版社，
2024.6

（墨香财经学术文库）

ISBN 978-7-5654-5273-4

Ⅰ.网… Ⅱ.闫… Ⅲ.互联网络-舆论-影响-企业-价值论-研究 Ⅳ.①G206.2
②F270

中国国家版本馆CIP数据核字〔2024〕第105980号

东北财经大学出版社出版发行

　　大连市黑石礁尖山街217号　邮政编码　116025

　　网　　址：http：//www.dufep.cn

　　读者信箱：dufep@dufe.edu.cn

大连永盛印业有限公司印刷

幅面尺寸：170mm×240mm　　字数：166千字　印张：11.5　插页：1
2024年6月第1版　　　　　　2024年6月第1次印刷

责任编辑：时　博　惠恩乐　　责任校对：一　心

封面设计：原　皓　　　　　　版式设计：原　皓

定价：62.00元

前言

　　经过二十多年的发展，中国互联网发展规模的增长水平令世界瞩目，网络已经成为现实世界中不可分割的一部分。而在这一过程中，许多上市公司抓住机遇，依托转型升级战略成功获取互联网发展所带来的红利并"富"了起来，大批互联网、文化娱乐、零售等行业的上市公司凭借生产经营与网络融合优势迎来了新的发展机遇。网络舆情一方面可以帮助企业进行信息传播和资源共享，扩大企业的宣传渠道，拉近与用户的距离；但另一方面，关于企业的不良网络舆情信息，如网络谣言、负面消息、欺诈信息等，也给企业舆论管理带来了巨大的挑战。更为重要的是，负面网络舆情可能对企业的经营环境造成极为恶劣的影响，尤其是对与网络高度绑定的文娱企业，会造成企业股价下跌、声誉受损、融资受阻、营销困难等多种影响，进而导致企业价值的快速下跌。

　　因此，目前越来越多的研究者开始关注网络舆情对企业价值带来的影响。从现有研究来看，主要的局限性在于：一是对网络舆情维度的划分不够全面，现有研究主要通过将网络舆情情感进行量化来分析其对企业价值造成的影响，而没有结合其他属性分析网络舆情的影响作用。二是对网络舆情的量化还不够细致。目前多数研究仅对网络舆情情感做正、负分类，这种二分类诚然能够反应网络舆情的立场，但相同立场的不同网络舆情信息也会表现出不同情感强度，情感值的度量也是分析网络舆情影响企业价值的关键因素。三是已有研究表明，网络舆情对企业价值的影响并非直接的、线性的，仅关注网络舆情直接影响企业价值的路径难以全面反映影响效应。

因此，为验证网络舆情的哪些方面能够对企业的外部价值和内部价值造成影响，网络舆情是通过怎样的机制改变企业经营融资环境，以及哪些因素能够通过间接影响导致企业价值的改变，本书以行为金融理论、信号传递理论、信息不对称理论为理论基础，以 370 万条文娱行业上市公司微博网络舆情数据为基础，将网络舆情划分为情感、规模、影响力三个维度，分别验证各个维度对企业价值的直接与间接影响，通过利用卷积神经网络（CNN）与情感词典相结合的方式得出网络舆情情感指数，以创新性的方式方法量化网络舆情三个维度，并研究网络舆情的各个维度对企业价值的直接影响。根据前人研究发现网络舆情能够影响投资者与债权人对企业经营预期的判断，进而影响企业价值。因此，将融资约束、投资者反应作为中介变量加入到影响路径中，并验证网络舆情影响融资约束、投资者反应，进而影响企业价值的传导路径。最后以企业规模、公司声誉作为调节变量，对网络舆情影响企业价值效果的调节作用进行验证。

结果表明：首先，网络舆情中的部分属性的量级能够造成企业价值改变，网络舆情的正面情感越强则越能促进企业价值的提升，反之则表现出企业价值降低。同时，网络舆情规模能够扩大企业曝光度，提高企业价值。网络舆情的影响力并没有像预想中的那样对企业价值产生影响，在网络发展的同时网民素质也在同步提升，意见领袖效应带来的影响效果已经远不如从前，因此网络舆情影响力的影响效果也并未体现。进一步研究表明，融资约束能够起到明显的中介作用，因此网络舆情能够通过投资人与债权人的途径分别对股价与融资造成影响，并进而带动企业内部价值与外部价值的变化。投资者反应也同样起到中介作用，网络舆情释放信号所传递的消息面信息对企业股价也是关键的影响因素，能够显著影响企业股票的交易热度，进而造成股价波动率的变化，使企业内部价值改变。在调节因素方面，企业规模与公司声誉是企业抵御网络舆情风险的关键因素，企业规模越大则抗风险能力越强，能够降低负面网络舆情带来的影响，减少企业价值的减值，同样的，公司声誉带来的利益相关者信任也能够降低负面网络舆情影响。

与现有研究相比，本书的主要理论贡献包括：第一，拓展了网络舆情影响企业价值的理论研究方向。现有关于网络舆情对企业价值影响的研究还较为匮乏，多数研究基于企业经营、财务、环境等方面对企业价值的影响进行探究。本书从网络舆情对企业价值的直接影响与间接影响角度出发，丰富了企业价值影响因素的研究方向。第二，丰富了网络舆情的度量方法。本书结合传播学、情报学、经济学领域的研究，将网络舆情分为情感、规模、影响力三个维度，并构建了结合卷积神经网络与情感词典的情感分析方法以及层次分析法等多种量化方法来分别对三个维度进行量化，进一步丰富了网络舆情的测度方法。第三，揭示网络舆情对企业价值影响的传导路径。本书依托行为金融理论、信息不对称理论、信号传递理论等经典理论，分析网络舆情对上市公司的融资约束、投资者反应的影响，并进而作用于企业价值的传导路径，能够从多个层面系统揭示网络舆情对企业价值的影响方式，进一步扩展网络舆情影响企业价值领域研究的深度。第四，总结了调节网络舆情各个维度的调节因素。本书通过总结前人研究经验，发现企业规模和公司声誉对网络舆情影响能力的调节作用，并通过假设检验验证了企业的规模和声誉能减少企业在面对负面舆情事件时的公关管理问题，但同样也减少了积极网络舆情发展带来的企业价值。

本书提出的管理建议是：第一，提升风险意识，建立现代企业网络舆情管理制度，改善企业的网络舆论环境。上市公司要重视企业新闻宣传与舆情引导工作，结合自身企业框架与业务特点组建舆情管理团队、监控与处置机制。第二，提高企业抗网络舆情风险能力，建立科学规范的应急响应程序，升级企业舆情的信息采集系统，从内部提升企业人员素质。第三，完善相关法律法规，保护企业网络营销环境。政府部门应担负起媒体报道客观求实的引导责任和舆论监管的主体责任，特别是加强对互联网等新媒体舆情监管的探索，为企业营造良好的网络营销环境。第四，树立网民正确舆论道德理念，疏堵结合协助舆情监管机构做好道德建设。在舆情出现正面或负面情感倾向时，企业应配合舆情监管机构及时通过整改自身或引导舆情发展方向，降低网络舆情对企业价值的影响。

闫　璐

2024 年 5 月

目录

第1章 绪论

1.1 研究背景与目的

1.1.1 研究背景

　　近年来，随着经济全球化与信息化进程的加速，互联网对企业的影响渗透到企业的各个方面，据第52次《中国互联网络发展状况统计报告》显示，截至 2023 年 6 月，我国网民规模已达到 10.79 亿，较 2022 年 12 月新增网民 1 109 万，互联网普及率达 76.4%。各类社交媒体的兴起为互联网用户提供表达观点立场平台的同时，依托于社交媒体平台传播的网络舆情同样对企业与金融市场产生了巨大的影响，对文娱行业的影响尤为突出。移动互联网飞速发展的今天，我国文娱行业内涵也发生了变化，既包括如电视、影视、音乐、动漫等传统文娱行业，也包括近几年兴起的如短视频、网络直播、游戏等新兴文娱行业。文娱行业的消费增长很大程度上依赖于用户对其产品的评价，如影视作品、移动端和平台端游戏，用户对娱乐产品的曝光力、话题力与娱乐力的态度与宣传是文娱行业盈利增长的关键影响因素。同样的，互联网用户对企业及其产品的舆情态度与传播力度也影响企业的经营战略、融资难度。

目前企业越来越依赖网络渠道来进行企业宣传与产品营销，网络渠道是企业发展极为重要的生命通道。一方面，网络舆情对企业市场环境产生重要的影响，网络舆情产生强大的舆论压力推动着公共问题进入政策议程，政府对舆情的迅速回应与政策跟进对企业的法律环境造成不同程度的影响。另一方面，上市公司的发展受到国家政策的驱动，国家出台相关政策时会考虑舆论因素，出台的系列政策在指导上市公司发展的同时也会对行业投融资产生一定指导作用。网络舆情同样加剧了行业竞争程度，以产品商业价值增长为动力的文娱行业内部产品更迭频繁，产品价值与口碑以网络舆情为传播载体，极易影响企业的产出规模、品牌、信誉等，加剧了整个行业内的竞争程度。而网络舆情也对企业的发展环境造成影响，如2018年的"阴阳合同"事件导致文娱行业监管趋严，二级市场股价下跌，文娱行业投资数量降至1 260起。2019年投资数量锐减72.4%，全年仅发生投资348起，且赛道内整合加剧，优质初创项目数量少、融资金额小，投资金额下调至824亿元，文娱行业进入资本寒冬，导致整个行业发展环境趋于恶化。

企业价值是该企业预期自由现金流量以其加权平均资本成本为贴现率折现的现值，它与企业的财务决策密切相关，体现了企业资金的时间价值、风险以及持续发展能力。网络舆情通过影响市场环境进而影响企业价值，而快速传播扩散的敏感信息会强化为群体性认知，导致资本市场舆情的产生。这种效应对文娱企业的影响尤甚，现代文娱企业的产品极度依赖网络渠道宣传与销售，口碑带来的流量效应对于文娱企业就意味着价值。通过网络渠道，良好的网络舆情环境能够给企业的产品带来额外的增值，同样的，一旦企业的网络舆情呈现负面的趋势，对企业的经营活动（如融资行为）、利益相关者（如投资者和消费者）的情绪，以及企业自身的声誉口碑，都会造成极为恶劣的影响，并进而导致企业价值的减少。从上市公司角度来看，负向情感的网络舆情轻则影响公司股价短期波动，重则持续损伤企业声誉甚至危及公司的生存发展，造成企业价值损失。同样的，正向情感的网络舆情有利于提高企业品牌价值、扩大营收、增加融资，并减少或消除负债，实现企业价值的增长。

在此背景下，本书基于行为金融理论、信号传递理论、信息不对称理论等经典理论研究网络舆情对企业价值的影响。在此基础上将网络舆情细化，分为网络舆情情感、规模、影响力三个维度，从更为细分的领域研究是何种维度具体影响了企业的价值增长，并从融资约束、投资者情绪两个中介变量，以及企业规模、公司声誉两个调节变量来深入分析网络舆情对企业价值的具体影响。

1.1.2 研究目的

自从网络迈入高速发展阶段后，网络对企业影响的研究层出不穷。从国家层面来说，稳定、有序的网络环境对社会和谐都是必需的要素，对企业来说，网络渠道则是企业发展以及价值增长的重要引擎（叶秋玉，2022）。文娱企业由于其行业的特殊性，其产品的投放市场多为网络渠道以及传统媒体渠道，主要受众也都是以海量的网民为基础，因此文娱企业要想实现营销、口碑乃至企业价值的增长就必须意识到如何维持自身网络舆情的清朗，以及网络舆情将会对企业造成的影响，同时还要关注网络舆情会影响企业自身以及周边环境的要素进而导致企业价值的变化。因此本书的研究目的主要包括：

（1）检验网络舆情是否会对企业价值造成影响及影响路径分析。网络舆情实际上是一个抽象概念，并不像现实世界中的客观物质可以去直接衡量，因此需要借助目前极为主流的自然语言处理技术将文本内容向量化，并转化为具体的数值型数据，同时细分网络舆情，从多个维度将网络舆情进行量化，以此作为全面检验网络舆情影响企业价值的多个传导路径的数据依据。本书将网络舆情划分为情感、规模、影响力三个维度，分析网络舆情的各个维度对企业价值的影响作用，揭示网络舆情影响企业价值的影响路径。基于以往研究与经典理论总结出融资约束、投资者反应作为网络舆情影响企业价值路径中介变量，以及企业规模、公司声誉作为网络舆情影响企业价值的调节变量，并检验各个变量在影响路径中发挥的影响效应。

（2）解释不同程度的网络舆情对企业价值的影响差异。分析网络舆情的情感、规模、影响力与企业价值的关系只是探究网络舆情对企业价值影响的第一步，更重要的是需要解释不同程度的网络舆情情感、规模、影响力对企业价值影响作用的差异性，为何正面的网络舆情情感会增加企业价值，过高的网络舆情规模是否能够缓解企业价值增值缓慢的局面。因此，在前人研究的基础上，比较正面、负面网络舆情情感，高与低的网络舆情规模与影响力对企业价值的影响差异，也是本书的重要研究目的之一。

1.2 研究意义

1.2.1 理论意义

第一，拓展网络舆情影响企业价值的理论研究，对企业价值影响因素领域的研究作了有效补充，将网络舆情纳入企业价值影响因素的研究范畴。对企业价值影响因素的研究起步很早并且研究成果较多，但我国网络起步较晚，因此现有关于网络舆情对企业价值影响的研究还较为匮乏，多数研究基于企业经营、财务、环境等方面对企业价值的影响进行探究。少量针对网络舆情对企业价值造成影响的研究也较为浅显，单纯地分析网络营销、声誉等方面对企业的实际价值与资本价值的影响。从当前企业与互联网密切结合的趋势来看，充分分析网络舆情对企业价值的影响势在必行，网络舆情对企业活动有全方位的影响效应，剖析网络舆情对企业价值的直接影响与间接影响将帮助企业有效进行企业价值管理活动，并丰富了企业价值影响因素的研究方向。

第二，在传播领域补充了网络舆情度量方法。目前分析网络舆情对企业价值影响的相关研究主要基于信息不对称理论从网络舆情情感这个单一维度进行考量，很少从多维度细化网络舆情的传播状态，从而缺少了从规模、影响力等多个方面的探究，因此部分研究得出的结论较为片面。同时，数据获取平台多选择如"东方财富股吧"等金融论坛，将投资者舆情与网络舆情混为一谈，夸大了网络舆情对企业价值的影响。因此，本书结合传播学、情报学、经济学领域的研究，从企业价值的视角测定网络舆情的影响效果，将网络舆情分为情感、规模、影响力三个维度，并构建了网络舆情测度模型组来分别对三个维度进行量化，进一步丰富了网络舆情的测度方法。

第三，揭示了网络舆情对企业价值影响的传导路径。现有的少量研究多是对网络舆情直接影响企业价值的路径进行分析，但复杂的网络环境以及商业市场环境导致网络舆情通常都是影响企业的营商要素来间接影响企业的预估价值。过多的负面网络舆情将影响市场对企业经营预期的判断，使企业产生融资约束，并且上市公司高度依赖网络渠道进行宣传与营销，因此网络舆情对上市公司的声誉至关重要。此外，网络也是大量散户投资者的聚集地，因此网络舆情对投资者反应也能起到带动作用。基于此，依托于行为金融理论、信息不对称理论、羊群效应理论等经典理论，分析网络舆情对上市公司的融资约束、投资者反应的影响，并进而作用于企业价值的传导路径，以及企业规模和公司声誉对网络舆情影响能力的调节作用，能够从多个层面系统揭示网络舆情影响企业价值的影响方式，有助于全面了解网络舆情在企业价值创造中的效力，进一步加深网络舆情影响企业价值领域研究的深度。

第四，明确了调节网络舆情对企业价值影响的关键因素。目前对网络舆情影响企业价值的研究较多，但对于更复杂、更深入的影响路径则涉及较少，并且对于能够调节网络舆情影响企业价值的调节因素很少提及。这一研究的意义在于，当揭示了网络舆情在影响企业价值路径中的调节作用时，就能够有的放矢地控制网络舆情的影响。对于企业来说，能够进一步利用调节作用来有效利用网络舆情带来的企业价值增长动力，也能够减弱网络舆情危机给企业带来的公共风险，使企业能够更有效地在现代网络高度发达的时代实现稳健经营。

1.2.2　现实意义

第一，从企业层面来说，对网络舆情的把握有助于企业进行价值创造并避免价值损失，维持企业长远可持续发展。目前企业的网络领地意识还不够强，多数企业只聚焦于利用网络渠道进行企业经营这一单一层面，而对于如何维护自身网络环境的清朗不够重视，也就是网络公关意识欠缺。上市公司高度依赖互联网市场，有效维护网络领域能够为企业带来更多的正面网络舆情，同时，正向情感的网络舆情能够增加投资者信心，促进股票价格增长，并能缓解企业的融资约束，降低融资成本，提高企业的市场声誉。反之，如果企业放任网络舆情肆意传播则会导致企业相关人员及产品的负面舆情数量大量增加，进而产生企业困境导致企业价值的减值。因此，本书从实际出发，结合企业实际财务水平指标与同期网络舆情指标探究网络舆情对企业价值的实际影响，对于加强企业提升网络领域维护意识起到较为重要的积极作用，同时帮助文娱企业利用网络渠道实现企业价值增值。

第二，从监管层面来说，合理引导网络舆情，维护资本市场信息环境对企业发展具有重要实际意义。目前国家没有专门出台规范网络舆情、保护企业经营环境的规章制度，难以为企业提供网络层面的经营保护措施。网络快速发展到今日，带来的问题是大量良莠不齐的公众可以通过网络肆意发声，其中会产生许多怀有各类目的的网民传播关于企业的流言、谣言。同时网民数量极度膨胀、网民成分复杂导致企业对失范网络舆情追责成本极高，网络舆情溯源难度大，也给企业进行网络舆情公关造成了巨大难度。因此，从维护企业外部市场环境的角度出发，需要从法律层面为企业提供网络信息环境的保护。本书研究能够揭示网络舆情对企业价值的直接与间接影响路径，为有关部门根据影响传导路径为基础制定相关法律法规起到一定参考与指导作用。

第三，从利益相关者层面来说，通过对网络舆情影响企业价值路径的合理分析，有利于提高投资者与消费者的决策判断能力，从而达到加强企业利益相关者自身利益保护的目的。网络舆情快速传播不仅对企业造成巨大影响，对投资者、消费者的投资消费决策都将造成深远影响。企业利益相关者与网民身份的高度融合性使得其既是网络舆情发布者，也是网络舆情利用者，投资者极易受到其他投资者的造谣信息影响，恐慌情绪会随着网络舆情的广泛传播蔓延至广大股民，从而引发股票市场的剧烈波动，造成大量投资者的股票亏损。同样的，对于消费者来说，也容易受到企业在网络中的虚假营销引导而购买假冒伪劣产品。因此，通过对网络舆情影响企业价值路径的深刻分析能够提高企业利益相关者的决策判断能力，从而避免自身损失。

1.3　研究内容与本书结构

1.3.1　研究内容

通过本书研究，拟解决以下几个方面的问题：网络舆情如何对企业价值产生影响？产生影响后具体会呈现怎样的效果？网络舆情会通过哪几种路径影响企业价值，不同路径中网络舆情对企业价值的影响呈现哪种差异性？考虑到目前网络舆情与企业价值间相关研究还不够系统全面，因此本书拟解决以上问题来对相关研究进行拓展。具体研究内容表现为：

（1）对网络舆情影响企业价值的基础理论进行研究。

从传播学角度进行明确，然后基于行为金融理论、信息不对称理论、信号传递理论，系统地对网络舆情影响企业价值的理论框架进行分析，并从网络舆情情感、规模、影响力三个维度对网络舆情进行度量，以微博中关于企业的网络舆情信息作为网络舆情数据来源，分析网络舆情对企业价值的影响。

（2）网络舆情对企业价值的直接影响研究。

以行为金融学为理论基础，根据网络舆情特征与前人研究，将网络舆情从情感、规模、影响力三个维度指标进行度量，依托卷积神经网络、情感词典、层次分析法等方法，分别对网络舆情情感指数、规模指数、影响力指数进行量化，然后通过回归分析综合研究网络舆情各个维度对企业价值的直接影响。

（3）不同路径下网络舆情对企业价值影响的中介效应研究。

从融资约束与投资者反应两个路径提出网络舆情影响企业价值的假设，对融资约束与投资者反应在网络舆情影响企业价值的过程中起到的中介效应进行研究，以从新浪微博平台中抓取的关于企业的网络舆情数据与企业 2018—2020 年的季度披露财务指标为研究数据，分别对融资约束与投资者反应在网络舆情影响企业价值的过程中起到的中介效应进行实证检验。

（4）网络舆情影响企业价值过程中的调节因素研究。

首先基于前文提出的理论框架，结合前人研究成果，综合分析企业规模与公司声誉如何作用于网络舆情影响企业价值的路径中，在理论分析的基础上提出本书研究假设，然后以前文获取的样本数据为数据基础，通过市场检验企业规模与公司声誉在网络舆情影响企业价值过程中发挥的调节作用。

1.3.2　本书结构

本书主要从网络舆情对企业价值的直接影响，融资约束、投资者反应在网络舆情影响企业价值的中介作用，以及企业规模、公司声誉对网络舆情影响企业价值中起到的调节作用进行研究。具体研究内容如下：

第1章从研究背景、研究目的、研究意义、研究方法和技术路线等方面对本书进行综合解释说明，为后续研究路线提供指引。

第2章从网络舆情与企业价值的基本概述、网络舆情量化方法、网络舆情影响企业价值的理论基础和研究综述等角度对现有文献进行梳理，其中重点关注网络舆情量化方法和网络舆情影响企业价值传导路径方面的实证研究。

第3章为基础理论章节，以行为金融理论、信息不对称理论、信号传递理论为理论基础，剖析网络舆情影响企业价值的内在原因，并结合前人研究成果构建网络舆情影响企业价值的框架，总结网络舆情影响企业价值的机理，分析影响路径。在此基础上，形成本书整体的理论框架，并归纳出网络舆情影响企业价值中的各个要素作为本书研究变量，为后续章节进行实证研究打下基础。

第4章为本书的核心章节，重点对网络舆情指标的划分与量化进行研究，目前对于网络舆情的量化多数研究从分类角度对网络舆情的积极、消极或正负方向进行划分，指标划分方式较为单一，本书从网络舆情的情感倾向性、话题规模以及影响水平三个角度来衡量网络舆情传播能力，分别构建网络舆情情感、规模、影响力三个指标，并分别构建模型对每个指标进行量化。情感指标是基于卷积神经网络（CNN）与情感词典方式，分别测度出文字形式的网络舆情信息的情感方向和情感强度，将二者结合所得；规模指标为关于企业的网络舆情信息数量；影响力指标从两个角度进行统计，分别是基于网络舆情发布用户的标签属性信息和网络舆情信息的传播属性信息，利用层次分析法确定各自二级指标权重，最终得到网络舆情影响力指标的数值。

第 5 章为理论分析与假设章节，基于第 3 章构建的网络舆情影响企业价值理论模型中的变量，本书理论基础以及其他学者相关研究成果，分别对网络舆情直接影响企业价值，融资约束、投资者反应在网络舆情影响企业价值过程中的中介效应，以及企业规模和公司声誉起到的调节作用提出假设。

第 6 章为研究设计章节，首先对本书实证研究中的变量进行界定，被解释变量为企业价值，解释变量包括网络舆情情感、规模、影响力，中介变量包括融资约束、投资者反应，调节变量包括企业规模、公司声誉。其次对本书变量的含义及计算方法进行梳理。然后对本书数据样本来源进行阐述，样本数据为天眼查标注为文娱企业的 37 家 A 股主板上市企业的 2018 年—2020 年的季度财务数据，网络舆情信息则利用 Gooseeker 网络爬虫工具从新浪微博中获取关于 37 家上市企业的同期网络舆情信息，基于以上数据进行实证检验。最后，为验证网络舆情影响企业价值的假设设计多个实证模型，以验证本书提出的各种假设。

第 7 章为研究结果验证，基于前文研究内容，对网络舆情影响企业价值各条路径中的变量间关系进行检验，通过对变量数据进行描述性统计、相关性分析、回归分析、稳健性分析等多个步骤验证前文提出的相关假设。结果表明，网络舆情的情感性质和规模能够显著影响企业价值，而网络舆情影响力对企业价值并不影响，表明随着互联网的发展，网民受到传统的意见领袖效应的影响正在弱化，网络理智性得到提升；网络舆情会引起企业融资问题的产生与投资者反应的变化，并进而对企

业价值造成影响，说明企业的网络舆情问题已经成为衡量企业综合经营
水平的一个极其重要的指标。企业规模大小与公司日常声誉水平是上市
公司抵抗网络舆情风险的重要因素，规模与声誉能够化解更多舆情
风险。

第8章为结论与展望，结合前文研究内容，对本书结论、创新点进
行总结，并根据研究结论提出政策建议，最后根据本书的不足对未来研
究内容提出展望。

1.4 研究方法与技术路线

1.4.1 研究方法

本书采用定性与定量相结合的方法，利用多学科技术，遵循文献梳
理、理论分析与假设、样本筛选与数据收集、实证分析、形成理论的研
究思路逐步深入。

（1）文献研究法

在确定研究问题后，利用学校资源，如中国知网、百度文库、
Web of Science等学术信息平台，以及互联网渠道对国内外的相关文献
进行整理与筛选，并对文献进行详细阅读与分析，充分了解国内外关于
网络舆情影响企业价值的最新研究成果，剖析现有研究盲点，提炼研究
问题并确定研究框架。另外，在文献阅读的过程中为网络舆情影响企业
价值的路径寻找理论基础。

（2）规范研究法

通过采用规范研究法解决研究问题，结合行为金融学、信息不对
称理论、信号传递理论等提出网络舆情对企业价值影响的理论假设。
考虑到目前企业经营与网络的高度融合化，企业价值的变化势必会受
网络舆情的影响，在合理提出研究假设的情况下，形成本书的研究框
架，并运用归纳分析和逻辑演绎等规范研究法，对实证结果进行
分析。

（3）跨学科、多视角的系统分析方法

本研究运用传播学、统计学、计算机科学、财务管理等学科的相关理论和方法，采用跨学科、多视角的系统分析方法，为本书的研究做好理论铺垫和开拓创造的条件。本书通过利用计算机技术中的自然语言处理与深度学习网络等方法，对网络舆情进行转换，利用自然语言处理、卷积神经网络等经典技术将文字这类高维度数据量化为数字等低维度数据，从而形成可操作的网络舆情数据，并形成关于网络舆情的指标体系，为后文进行实证研究奠定基础。

（4）实证研究法

考虑到规范研究更注重问题和结论在一定条件下才成立因果关系，因此单纯依靠规范研究得出的结论并不能揭示网络舆情影响企业价值的规律。同时，实证研究也可以检验通过规范研究得出的研究假设的解释效力。因此本书将利用实证研究根据网络舆情对企业价值影响的传导路径，分析二者间的直接影响，并进一步从融资约束、投资者情绪、公司声誉三个方面提出研究假设，并利用计算机技术以及各类金融数据库资源（如CSMAR、Wind等）收集整理用于检验实证假设的相关数据，利用描述性统计与相关性分析对数据进行整理与清洗，利用SPSS等软件对收集的数据进行科学严谨的测算，以便在研究中使用。

1.4.2　技术路线

本研究在继承前人优秀研究成果的基础上进行理论与实践上的创新，采用理论研究与实践分析相结合、多学科研究方法相结合的方式展开研究。本研究依托情报学、计算机科学、统计学等多学科技术以及行为金融理论、信息不对称理论、信号传递理论等一系列相关理论并结合网络舆情特征与特点，对网络舆情影响企业价值的路径进行了探讨。在此基础上，对网络舆情通过融资约束、投资者情绪、公司声誉三个维度间接影响企业价值的路径进行进一步分析。利用文献研究法、规范研究法、实证研究法结合上述方法和理论进行跨学科多视角系统分析研究，遵循"理论→模型→实证"的技术路线展开研究，研究技术路线图如图1-1所示。

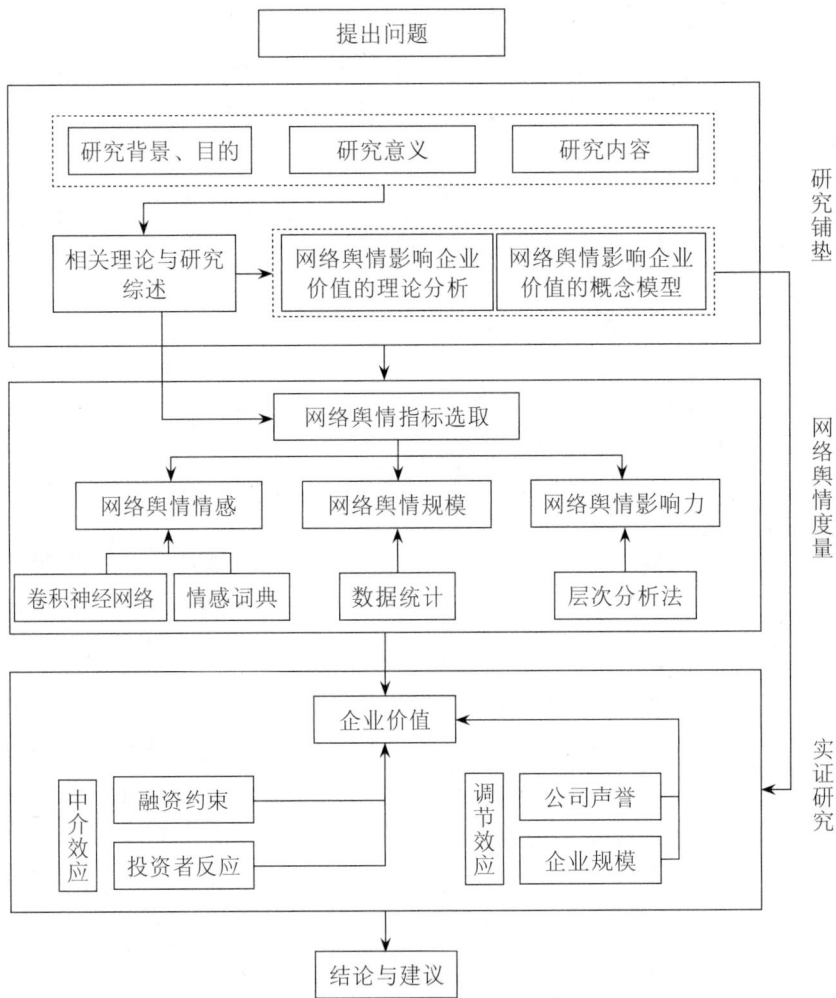

图 1-1 研究技术路线图

第2章　相关理论与文献综述

2.1　企业价值相关理论与文献综述

2.1.1　企业价值的相关理论

作为财务管理的基本范畴，企业是具有商品属性的实体，因此具有使用价值和价值，企业价值则可以用其作为商品在产权市场上交易的均衡价格来表示，是企业资产的市场价值。因此企业价值的来源是由于企业具有使用价值而产生的，具体表现就是将企业作为交易标的时的交易价格。企业作为一种可交易的商品，具有资本品的特性，是以获利为目的的商品。企业价值可以由本位价值、顾客价值和社会价值三部分组成，企业价值为三者的总和，并且当提高顾客价值时才能获得价值的增值（杨依依，2006）。

对企业价值的基础研究除了对其概念的界定，主要是研究企业价值的评估方法。尽管企业具有固定数值的价值这一本质是确定的，但其价值的评估则受评估指标、标准、方式的影响，学者通过不断完善企业价值的评估方法来获得越发被广为接受的企业价值。企业价值的评估一般分为两大类，即绝对价值评估和相对价值评估，前者是对企业未来获得现金流量进行折现评估而得到的价值，后者则是利用与企业价值相近似的企业股价确定企业的价值。

目前与企业价值相关的理论主要有：

（1）财务目标理论

财务目标理论认为，实现合理财务目标是企业价值管理的核心，具体包括实现企业利润最大化、实现股东利益最大化、实现利益相关者利益最大化。首先是强调企业利润最大化，关于企业利润最大化在学术界争议比较大，Lester（1946）认为企业家实际行为与边际主义理念并不匹配，对利润最大化目标的争议转向边际方式是否该放弃。Friedman（1953）认为提高公司执行机构的财务和非金钱福利的目标可能是首要考虑的因素。霍奇逊（2007）则认为企业对企业价值增长的追求才是实质，而并非是苛刻要求企业价值最大化。其次是股东利益最大化，Burton（1972）认为，若管理层的首要目标不是为股东谋利，那么该公司就会成为其他公司并购的目标，对管理者来说并购带来的威胁可能变成巨大动力，激励他们实现股东利益最大化。Hillman 和 Keim（2001）证明，建立良好关系的主要利益相关者（如员工、客户、供应商和社区）提高了股东财富，在公司主要利益相关者的社会问题参与中消耗资源导致股东价值下降。利益相关者利益最大化在 20 世纪 90 年代有了长足的发展，以 Blair（1995）等为代表的学者认为企业决策应当权衡所有利益相关者的关系，而不仅仅最优化股东利益，利益相关者包括企业法律框架内承担风险的股东、债权人、经营者、雇员、供应商、顾客等。随着利益相关者理论的不断深入，利益相关者管理研究开始盛行，支持者普遍认为，公司应该管理与所有利益相关者的关系，而不是关注股东财富，组织的运作和管理要符合所有可能影响组织成员的目标（Hannan，1984）。

（2）有效市场理论

有效市场理论由 Eugene Fama 在 1965 年提出，该理论有效揭示了通过股价带来企业价值增值的动力来源。该理论认为，若资本市场是有效的，那么与公司相关的任何信息都能够迅速反映在股价中，并进一步将市场划分为强有效市场、半强有效市场、弱有效市场。在强有效市场中，与企业相关的所有信息都能反映在企业股价中，任何市场主体都无法获得全部的超额收益。在半强有效市场中，所有公开信息已经反映在企业当前的股价上，投资者无法通过已公开的信息获得超额收益。而在弱有效市场中，所有信息都已经反映在股价中，投资者无法分析历史数据获得超额收益。有效市场理论在我国研究中有着广泛的应用，能够很好地揭示 A 股市场企业股价变化的内在原因，如方颖等（2018）通过系统考察 A 股市场对环保部门披露的企业环境处罚信息的反应，发现我国环境信息披露政策在金融市场途径上是基本失效的，A 股市场投资者环境保护意识不足对我国环境信息披露政策在金融市场途径上的失效产生了一定影响。

（3）价值评估理论

该理论强调价值驱动因素是对企业长期价值造成的影响起决定性作用。该理论随着科学技术发展迎来了变革。Varian（2018）强调，数据作为一种稀缺资源从技术意义上遵循规模收益递减，但从经济价值角度可能会出现规模收益递增：数据预测的准确性理论上随着观察数平方根增加，这表明数据与其预测价值之间呈现凹形关系。结合该理论，科普兰认为企业价值的驱动因素有两点：一是增长潜力，高增长企业的价值可能主要在于未来盈利的期望，而非当前盈利的状况；二是投入资本回报率（ROIC），该指标的重要性要大于加权平均资本成本（WACC），企业必须依据各部门特点制定回报增长率和 ROIC 目标。价值同时取决于短期绩效和长期绩效。

企业价值评估模型主要有：

（1）拉巴博特模型（Rappaport Model）

1985 年阿尔弗雷德·拉巴波特首次提出了以自由现金流为基础的企业价值评估模型，堪称绝对价值评估模型的鼻祖，其主要贡献是提出了七种创造价值的驱动力量，并明确了公司自由现金流量的算法。但其局限性在于违背企业持续经营的假设，并且自由现金流量的计算中没有考虑折旧等因素（Alfred Rappaport，1998）。

（2）戈登模型（Gardon Model）

戈登模型由美国财务学家戈登（Gardon）在其出版的《投资、融资和公司价值》一书中提出，其基本思想是企业的股权价值是预期股利的现值之和，企业的价值则是由债务价值和股利价值组成（Gordon，1962）。利用戈登模型量化企业价值需要满足三个条件：一是股利成长是固定的，二是股利支付期限是无穷尽的，三是折现率要大于一定水平。戈登模型为中小股东计算企业价值提供了方法，因此被广泛应用于资本市场投资领域。但其局限性也同样明显，首先是模型的使用条件苛刻，其次是忽略了现金流量中的留存部分，最后是没有考虑企业价值中的债务资本的价值。

（3）剩余收益估价模型（Residual Income Valuation Model）

剩余收益估价模型最早由 Edwards 和 Bell 在 1961 年提出，后又在1995 年被 Ohlson 进行系统阐述（Ohlson，1995），因此也被称为 EBO 模型。大量实证结果表明，该模型认为剩余收益本质是权益收益扣除权益资本成本后的余额，声誉收益则是以会计利润为基础计算而来，同时利润比现金流量对于企业经营能力具有更好的持续预测能力，投资者更关注企业的利润而不是现金流量。因此 EBO 模型的结果能够作为评价企业价值的标准。其优点是能够判断企业经营活动是否创造了价值，并且对资本成本考虑得较为完整，同时揭示了企业超额收益能够为企业带来更多价值。

（4）经济利润模型（Economic Value Added Model）

经济利润这一概念由英国经济学家马歇尔于 19 世纪提出，他主张在评估企业价值时需要考虑资本成本，当企业利润超过资本成本的时候企业的价值增长才具有意义，后来根据这一思想延伸出经济利润模型，用于评估企业价值。它表示为期初投资与经济利润的加和，期初投资可以用账面价值、重置价值和可变现净值等指标表示，经济利润则用期初投资乘以投资资本报酬与资本成本的差。经济利润模型明确了获取经济利润是企业价值创造的路径，企业想要获取经济利润就需要使投资资本报酬大于平均资本成本。

（5）布里格姆-戴夫斯模型（Brigham-Daves Model）

由美国财务学家尤金·F.布里格姆和菲利普·R.戴夫斯（2009）提出的一种新的企业评估模型。该模型认为企业价值由经营资产价值和非经营资产价值组成。经营价值是由投入经营资本和市场增加值组成，市场增加值则是受到销售增长率、经营收益率、资本需求、加权平均资本成本四个因素驱动。这一模型为分析企业价值增长提供了理论框架，在度量企业价值上具有较广的应用。

2.1.2　企业价值的文献综述

企业价值并不是单纯将企业的各类资本单纯累加得到的，而是将企业看作一个有机整体。因此，基于以上对企业价值概念的理解可以看出，影响企业价值的因素涉及企业的各种内部与外部作用，所以对企业价值影响路径进行分析可以从许多角度进行分析。研究较多的有从融资角度、企业社会责任角度、投资者参与角度等出发进行研究。

在融资影响企业价值方面，融资决策在一定程度上会影响企业价值的产生。融资能力、渠道、效率的差异性为企业带来的潜在价值具有明显的差距。有的学者从外部融资需求视角分析融资对企业价值的影响，研究结果表明在企业有外部融资需求的情况下，治理水平的提高能够降低外部股权融资成本，进而使企业价值提高（Chen等，2010）。也有相关研究证明了规模偏大的以及低负债率的中小型企业的治理能力较好，并且治理能力提高了企业外部融资需求时，企业价值的提高水平，公司的规模成长性和盈利能力也都与企业价值呈现正相关关系（Al-Najjar等，2017）。在高效的治理机制下，企业的融资决策能够显著地影响企业，治理水平的提高能够以最优路径解决融资问题并提高企业价值，治理水平对融资决策的优化进而提高企业价值具有重要作用（王化成等，2008）。此外，内部融资作为企业融资的重要来源方式，也是影响企业价值的重要影响因素。银行贷款作为企业最主要的内部融资渠道之一，历来是研究的重点。有研究基于政治关联视角研究了银行贷款与企业价值间的作用关系，结果表明在政治上具有关联优势的企业往往会获得更多银行渠道融资，并且在投资机构弱化的地区政治关联对促进银行贷款具有重要作用，并且银行贷款对具有政治背景的企业价值增值作用效果更为明显，能够更多地提高企业的内在价值（Yang等，2012）。从再融资的角度出发，配股与非定向增发融资方式明显比其他内部融资方式更容易提升企业价值（毕金玲，2013）。基于行为金融理论，有研究发现管理层的异质性会显著影响负债融资提升企业价值的效率，管理层的过度自信水平、受教育程度、管理经验等都会影响企业负债融资带来的价值效应（Fairchild，2009）。但也有研究从债务比率的角度出发，发现在高负债率的情况下，负债融资与企业价值呈现负相关关系，高负债率增加了融资的代理成本，并且容易使得企业失去对风险的控制，从而导致公司的盈利能力下降，造成企业价值的损失（Yazdanfar，2015）。后续研究发现，负债融资在前期对企业价值增值的影响较小，而当企业获得更多市场份额和未来预期时，企业通过进行负债融资而获得的企业价值将显著提高（朱佳俊，2017）。融资约束是制约企业发展的重要阻碍，有研究借鉴风险缓解理论发现企业的债务资本成本随着企业社会投资额的增加呈现出先降低后增加的趋势，故企业社会责任投入未达到拐点时，适当对各维度社会责任投入各类资源有助于降低债务融资成本，从而企业可以利用财务杠杆提升企业价值，且最优的社会责任投资水平在小企业中更高，说明小企业更应依靠社会责任带来的资金成本促进企业发展（Zhang，2011）。也有研究证实良好的企业社会责任绩效会降低代理成本及提高信息透明度，从而减少融资约束，有助于企业获取资金，提升价值（Cheng B，2014）。

也有国外学者对企业社会责任与企业价值间关系进行研究，企业社会责任在多数情况下并不会直接引起企业价值的变化，而是通过其他因素传导进而造成企业价值的改变。有研究基于激励的角度，研究1991年—2006年13 000余家企业发现，企业的创新活动能够激发起企业的社会责任感，并进而增加企业社会责任带来的绩效，因此使这些社会责任感良好的企业获得更高的估值（Mishra等，2015）。企业社会责任承担也有利于企业对自身风险的认知提高，降低风险感知偏差并合理预估企业风险，从而进行合理、有效的风险管理，间接提高了企业价值（Harjoto M，2016）。企业履行社会责任并不单方面付出，上市公司可以通过履行社会责任提高企业的社会地位与社会认可，为企业带来超期绩效，表明企业履行社会责任能够为企业带来长期的可观收益，增加企业价值。同时，企业在履行社会责任期间有利于协调企业内外部各方资源，能够为企业进行生产经营活动提供灵活的资源配置，使企业获利并尽可能实现最大化目标，进而增加企业价值（张海燕，2018；陆静，2019）。

基于企业社会责任的其他方面研究，企业社会地位和企业声誉也是一个研究重点。从商业关系视角出发，企业很好履行社会责任，稳定与供应商之间的关系，促进与客户的沟通和服务，能够显著提高企业在业界的声誉，同时企业声誉也与企业价值呈正向影响（林钟高等，2014）。企业在履行其社会责任中的一个方面时，如通过市场调查听从消费者意见从而满足消费者需求的时候，能够显著提升企业的社会声誉，并带来品牌资产价值和产品质量的提高，进而提升企业价值（于春玲等，2018）。从消费者及客户角度来看，企业具有高客户意识，则企业在消费者和客户中的声誉资本要高于其他企业，能够带来更多的客户好感，进而促进企业绩效的提高（Tamayo A，2013）。此外，企业从履行顾客责任、股东责任、员工责任等各方面责任都能促进企业形成新的商业模式，同时，增加企业重构创新商业模式资源，增强企业的核心竞争力（胡保亮，2019）。

目前有较多研究从投资方角度分析投资行为对企业价值的影响，投资者的投资倾向是影响企业价值的重要因素。相比较机构投资者，散户投资者由于受限于信息收集程度，通常只关注并购买那些吸引其注意力的股票，因此企业的曝光程度决定了企业受到散户投资者的关注程度，也决定了企业的股票价值（Barber等，2008）。同一行业中的不同企业由于曝光程度的不同，其企业价值也由于关注度不同而影响投资者的投资行为，进而导致企业价值的差异性（何玉芬，2017）。同时，由于股票市场价值变化的影响因素也包括投资者情绪，投资者情绪往往受到非理性因素影响，有学者认为投资者情绪是通过影响企业的股权融资渠道来影响企业价值（Stein，1996）。投资者情绪会显著影响企业的融资水平，在投资者情绪比较高涨的时候，企业通过股权融资的阻碍较低，反之则融资约束较强，很难通过股权融资获取资金，进而导致企业价值变化（Baker，2004）。有研究者发现投资者情绪对于衡量企业股票价值是十分有效的评价指标，通过利用央视看盘指数作为投资者情绪指标，发现其对沪深两市的股票收益波动率预测效果十分显著（王美今等，2004）。投资者情绪对企业价值也具有传导作用，例如，美国市场的投资者情绪对其他主要发达国家市场和发展中国家市场存在较强的预测能力，预测能力可持续至少两年（Yuk，2009）。

2.2 网络舆情相关理论与文献综述

2.2.1 网络舆情的相关理论

"舆情"一词，最早始于唐朝，舆，意为"众人的"，情，意为"情况"，因此早期对于舆情可解释为"百姓的观点"。明代刘基《处州分元帅府同知副都元帅石末公德政碑颂》也提到了"舆情"："予既敬公德，又重父老请，於是述舆情而颂之。"可见，舆情在古代就可表达"民意"的含义，与现在用法大致相同。早期的现代学者认为：舆情是指在一定的社会空间内，围绕中介性社会事项的发生、发展和变化，作为主体的民众对作为客体的国家管理者产生和持有的社会政治态度。由此来看，早期对舆情概念的界定包含了较多的政治属性，在社会属性日益复杂的今天，早期的概念显然具有局限性。因此近几年学者将网络舆情概念扩大化，公众情绪的表达对象不限于国家管理层，而是包括国家管理、公共事务、社会事件等各种事件。需要注意的一点是，当前对于舆情以及网络舆情的研究多集中于国内，而国外研究受限于隐私、人权等因素并不对舆情进行直接研究，而是从社会网络、传播学的角度侧面研究舆情，契合度较高的概念有 public opinion，network public sentiment 等，主要是渲染大众对热点事件的主流观点与情感，不局限于敏感事项。从中不难发现国外的网络舆情概念包括但并不局限于"泛政治化特征"，如应用 Twitter 分析国家选举的民意调查，构建非正式性政治对话渠道，或者追踪 H1N1 流感肆虐期间公众的防疫意识和恐慌程度。

网络舆情则是传统舆情结合了当前高速发展的互联网所具有的网络属性，形成存在于网络空间而又与现实世界高度连接的互联互通的网络群体思维，是一个近些年才兴起的新兴概念。目前作者针对网络舆情的界定也展开了大量理论研究。网络舆情是指网络中的各类媒体平台中传播的对社会问题的舆论，是通过互联网传播的公众对生活中热点事件或问题所持有的含有倾向性的言论与观点，是社会舆论的一种新的表现形式。曾润喜将网络舆情定义为，由于各种事件的刺激而产生的通过互联网进行传播的、公众对该事件所持有的情感、认知、态度，以及行为倾向等集合。这一定义较为符合当前网络舆情的实质内核，既包括了舆情的基本概念，又包含网络传播渠道的考量。随后有学者从构成的角度将网络舆情划分为主体、客体、本体、媒体四种要素，主体表示网络舆情参与者、客体表示触发网络舆情的事件、本体表示承载网络舆情的数据形式、媒体表示网络舆情的传播渠道。这一要素解构方式系统地解释了网络舆情的构成，并被学界广泛认同。基于此，较多的学者开始对网络舆情进行更深入的界定。董坚峰等将网络舆情分为狭义与广义两种解释，广义的网络舆情不限制主体与客体的范围，任何事件触发公众或网民的热议并在网络中传播都可以视为网络舆情，这一概念较为宽泛，基本能解释大多数情况下的网络舆情；狭义的概念则是限定网络舆情的主体、客体、本体等要素，用于界定特定范围内的网络舆情。

综上所述，国内学者主要将传统舆情概念与网络特性相结合形成网络舆情的基本概念，而国外学者受限于法律、人权等原则性问题并不对网络舆情进行深入研究。将各个学者总结的概念结合可以看出，各种概念的差异在于对网络舆情主体身份以及客体领域进行限定，即根据网络舆情参与者与触发网络舆情的事件决定网络舆情的概念。考虑到本书的研究对象为上市公司，部分学者将网络舆情事件限定为社会事件等方面局限性较大，因此本书主要基于曾润喜的概念来对网络中的信息进行网络舆情界定。根据曾润喜对网络舆情的概念，网民、投资者、机构等在网络中发布的信息都可作为网络舆情，而网络舆情的触发对象可以是与社会民生息息相关的各类事件，由于企业而产生的网络讨论也符合网络舆情的界定，因此本书认为，网民、投资者根据企业各类信息或事件进行讨论而产生的网络言论都可以视为网络舆情。

　　网络舆情作为信息流的一种新形式，其传播模式与传播特征也与信息的传播高度相似，因此对网络舆情进行研究就需要结合各类经典的信息传播学理论。随着信息技术的高速发展，信息学与传播学领域的相关研究逐步完善并融合，信息的社会传播逐渐成为相关学者研究的主线。信息传播实质是人与人关系赖以成立和发展的机制，包括一切精神象征及其在空间中得到传递、在时间上得到保存的手段。它包括表情、态度、动作、声调、语言、文章、印刷品、铁路、电报、电话，以及人类征服空间和时间的其他任何最新效果，人类的信息、情报传播过程是可以看作与能量交换、物质交流具有相同地位的普遍性活动。

　　国内外学者根据信息传播要素与过程的不同总结出多种传播模式，流传最为广泛的是 5W 传播模式。5W 传播模式是美国学者 Harold Lasswell 于 1984 年提出的构成传播过程的五种基本要素，并按照传播过程以及要素的传播功能对要素进行排序得到的经典传播模式，即传播者、传播信息、传播渠道、传播对象与传播效果五个环节，5W 为每个要素的英文首字母，即谁（Who）、说了什么（What）、通过什么渠道（Which Channel）、向谁说（Whom）、产生什么效果（With What Effect）。5W 传播模式表明信息传播过程是一个目的性行为过程，具有影响信息受众的目的。5W 传播模式如图 2-1 所示。

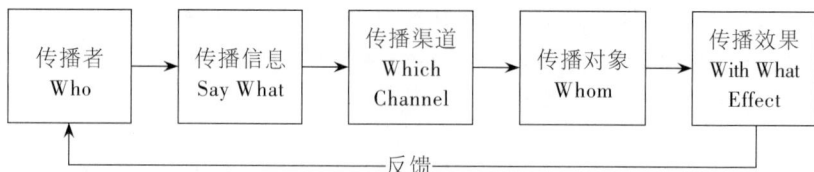

图 2-1　5W 传播模式

　　5W 传播模式概括性强、通俗易懂，因此对此后信息传播研究产生较大影响，但该模式只有一条有向传播路径，没有揭示人类社会信息传播的双向性与互动性。

　　第二种传播模式为香农–韦弗模式，于 1949 年由美国的两位信息学者 C.香农和 W.韦弗在《传播的数学理论》中首次提出，又称为"传播过程的数学模式"。其内容主要描述电子通信过程，为传播过程研究更进一步提供了重要的启发。该模式描述了电子信息传播的过程，即电子信息在电子设备中的传播路径。该模式与5W模式相同，将电子信息传播描述为线性的单向过程，包括信息源、发射器、信道、接收器、信息接收者、噪声。与5W模式不同的是，香农-韦弗模式引入了噪声概念，由于当时电子信息传播主要通过无线电传输，容易受到信号干扰，信息传播效果受制于电子设备的性能，在后续相关研究中多用于表示其他无用的干扰信息。香农-韦弗模式如图2-2所示。

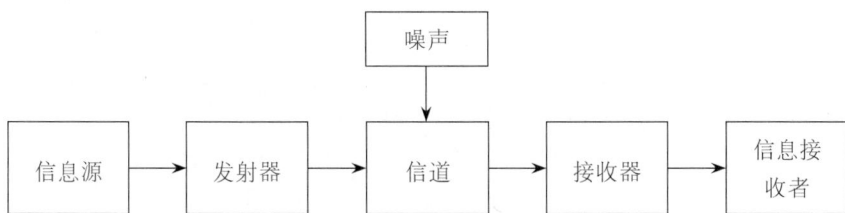

图2-2　香农-韦弗模式

与5W模式相似，香农-韦弗模式与5W模式拥有相同的局限性，同样是线性单向传播，缺少人类社会交流的互动与反馈模式，难以描述人类社会复杂的信息传播关系。

第三种模式为传染病模式，是根据传染病学理论结合信息传播的特征发展而来，该模式提出了信息、情报、知识的传播过程与传染病传播过程类似，只有信息源与信息接收者之间发生接触信息才能够传播。该模式将信息源、传播者、接收者等概念与传染病学理论中的传染病模型中的传染病、易感染者、未感染者等概念进行了替换，从而形成了一种独立的信息传播模式。传染病学理论中最经典的是SIR模型与SIS模型。SIR模型将传染病传播过程分为三个传播要素：易感染人群S（Susceptibles）、感染人群I（Infectives）、康复人群R（Removed）。在t时刻，SIR模型如图2-3所示。

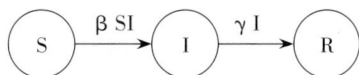

图2-3　SIR模型

在t时刻，当易感染人群S与感染人群I充分接触时，传染病的传播效率受感染率β影响，随后易感染人群I的康复速率受康复率γ影响。

在信息传播领域，SIR模型可以解释为：

最开始所有人群都处于易接收状态，随着信息传播，部分人群接收到信息并变为感染状态，并尝试感染其他易接收人群，同时部分感染状态的人群转变为康复状态。信息传播至一个节点，代表信息影响了节点的思想，而康复代表了免疫信息带来的影响同时不再参与信息传播。

SIS模型与SIR模型不同点在于，SIS模型将传染病流行区域的人群分为两种：易感染人群S（Susceptibles）与感染人群I（Infectives）。假设传染开始所有人都不具有免疫能力，在感染人群与易感染人群接触后有β的概率将传染病传播，同时感染人群有γ的概率恢复为易感染状态，而易感染者一旦被再次感染将会成为新的传播源。SIS模型如图2-4所示。

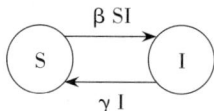

图2-4　SIS模型

在信息传播领域，对SIS模型的解释为：最初，所有人都容易受到信息的影响，随着信息开始传播部分人群接收信息并转变为传播者，同时向其他接收者传播信息，同时传播者开始转变为信息的接收者。

网络舆情的传播模式也基本遵循传统信息传播学的经典传播模式，传播渠道被限定在网络渠道上，而传播者则为对热点事件、公共话题、民生政策等社会性问题在网络中进行讨论的网民群体，传播内容则为对热点事件、公共话题、民生政策等社会性问题的讨论。目前网络舆情传播具有以下特点：

（1）网络舆情参与者数量众多、基数大。近年来随着互联网的高速发展，我国入网人数超过十亿，网络舆情对政治生活秩序与社会稳定的影响与日俱增。所带来的问题是参与人数暴涨导致网络讨论的观点很难达成共识，因此在传播过程中由于不同认识性矛盾导致在整个事件的生命周期内会源源不断产生出新的观点，加剧了网络舆情传播的不稳定性。

（2）网络舆情传播范围广、速度快。传统媒体如报刊、电视、广播等传统渠道无法为舆情受众提供可供交流的平台，因此传统舆情传播能力与影响能力有限，而网络的兴起为网民提供了实时参与和快速交互的网络舆情平台，加快与加剧了网络舆情传播的速度和广度，其传播能力与影响力要远远高出传统舆情传播。

（3）网络舆情传播中负面情绪事件占多数。根据中国互联网络信息中心（CNNIC）发布的第47次《中国互联网络发展状况统计报告》显示，截至2020年12月，我国网民用户规模达到9.89亿，但大学本科及以上学历人数比例只占9.3%，占网民用户数量不到一成。我国网民用户规模与网民学历结构如图2-5和图2-6所示。

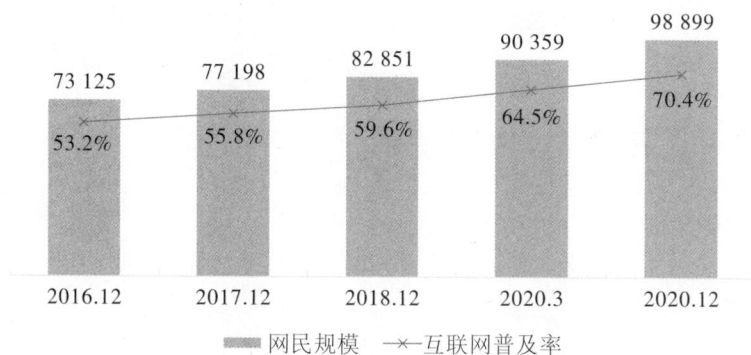

图2-5 我国网民用户规模（单位：万元）

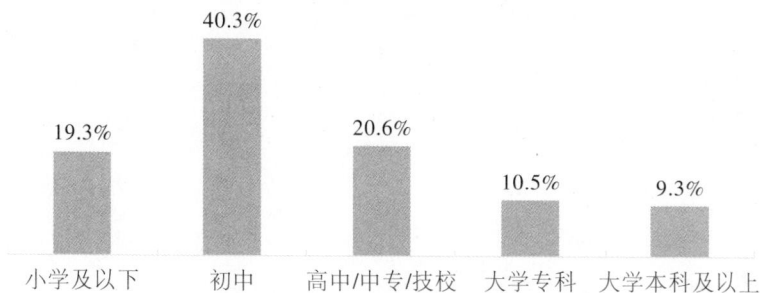

图2-6 我国网民学历结构

网民总体素质的参差不齐导致在绝大多数网络事件中多数网民往往不能客观评论，容易受到负面观点或情绪带动跟风附和，从而产生负面网络舆情。在传播过程中，不同负面评论、观点间的相互碰撞也促使网络舆情的负面性加强，同时向多元化方向转变，进一步扩大了网络舆情的影响范围与影响边界。

综上所述，网络舆情传播模式可以解释为网络舆情传播者关于社会事件的讨论内容在网络渠道中传递的过程。根据5W理论，信息传播包括传播者、传播信息、传播渠道、传播对象、传播效果五个要素，对于网络舆情传播来说，信息传播者与信息接收者高度同源，即网络舆情受众具有信息产生与信息接收的双向性，因此可以视为同一要素。传播渠道即为网络平台，传播信息即为因社会事件所产生的讨论。因此本书认为网络舆情传播应该从传播者、信息与平台三个角度进行解构考量，将三者的可量化要素进行提取来对网络舆情传播效果进行度量。因此本书提出网络舆情情感、规模、影响力三个维度来对应传播者、信息、平台三个传播要素，以此为基础分析网络舆情对企业价值的影响。

2.2.2　网络舆情的文献综述

网络舆情作为网络虚拟空间中的观点集合，早期对网络舆情的量化主要是基于社会网络分析的方法对传播节点进行度量，对网络社交平台中网络拓扑结构进行分析，包括网络的入度和出度分布、网络节点数、节点距离等网络结构信息。后来随着社会网络逐步发展壮大，传统的利用社会网络对传播节点进行分析的方法难以适应越来越庞大的传播网络，并且在网络舆情度量的细度上也存在问题，因此开始出现基于网络舆情传播的核心节点与其信息特征相结合的网络舆情研究，除了构建传播网络以外，对节点从多个维度提取传播节点的属性特征，以及节点网络舆情的内容特征，用来量化网络舆情传播情况和预测传播轨迹。

近些年随着计算机技术的火热发展，自然语言处理技术为网络舆情的量化提供了新的工具。利用自然语言处理技术，对文本、图片等高维度数据类型向量化，将其转化为低维度的数字数据类型，并从中提取文本特征用于后续研究。目前对网络舆情量化研究最多的是针对网络舆情情感进行量化，从网络舆情的情感、倾向性角度入手，即通过以正负倾向或喜怒哀乐的情感属性体现网络舆情受众的观点表达、观点挖掘。最初是针对产品评论，通过对产品评论的情感表达进行挖掘，只需要得到评论的倾向性属于"好"还是"坏"即可得知产品质量的优劣性，因此观点挖掘通常又叫作情感分析。目前随着网络社交媒体的兴起，国内对于观点挖掘的研究更多地应用在微博、百度贴吧、豆瓣、知乎等社交平台中文本信息的观点分析。现有网络舆情观点挖掘的研究成果从技术方法的角度大致可以分为三类：基于文本分类的观点挖掘、基于情感词典的观点挖掘与基于深度学习的观点挖掘。

基于文本分类的观点挖掘方法主要将观点情感分类，按照以往文本主题分类的方法进行，该方法中使用较多的是贝叶斯方法、最大熵以及支持向量机。有研究者利用 K-最邻近分类器与朴素贝叶斯分类器相结合利用生物信号检测的方法获取用户的情感倾向。将词向量与支持向量机相结合探究微博舆情观点倾向也是较为新颖的研究角度，利用 word2vec 对与舆情事件主体相似的词语进行相似度计算，通过 SVM 方法从时间维度体现微博舆情观点团簇的情感走势。有研究构建了基于最大熵的中文短文本情感分析模型，试图解决微博短文本评论数据的稀疏性问题，运用有限拟牛顿平滑算法对情感分析模型进行优化，并在时效性与冷启动两个方面验证模型的鲁棒性。基于情感词典的方法在观点挖掘中也较为常见，优点在于实现简单、运行速度快，但目前基于情感词典的方法的局限性在于情感词典构建与扩充难度大，不同领域情感词差异巨大，因此目前研究主要集中于领域情感词典构建、情感词典自适应扩充、基于情感词典的语义规则方法等。例如，有研究者通过分析微博文本网络热词出现规律，通过扩展的 PMI 算法计算新词与情感基准词间的点互信息值，然后将新词进行情感分类并更新情感词典。也有研究认为领域情感词典在特定领域的观点挖掘中起到了极其重要的作用，因此提出了一种基于约束标签传播的领域情感词典自适应构建模型，在领域语料库中定义与提取情感词，并使词语之间形成上下文形态约束，以此为先验知识来优化情感词典。基于深度学习的观点挖掘方法则是目前研究中使用的主流方法，优势在于无须对数据进行事先的标记，对更新速度快的海量网络舆情有着极强的适用性，但对模型的训练集有较高的要求。有研究考虑到当前情感分类研究中只考虑文本信息而忽略了用户体征与评论对象特征，因此在双向门控递归单元（BiGRU）与卷积神经网络（CNN）相结合的情感分类模型中引入了注意力机制，并取得了较好的效果。有研究者通过结合词向量与多尺度卷积神经网络对微博舆情观点情感倾向进行分类，将三种尺度卷积单元融合为一维向量，在实际分类任务中有着良好的表现。

早期观点挖掘仅针对观点的情感信息，挖掘观点的情感倾向，但无法表达观点的语义内涵与文本特征，并且也无法确定评价对象与主题的相关性，例如传统观点挖掘方法对酒店评论观点进行挖掘，仅能得到酒店评论的正负情感倾向，而对于如"房间""设施""服务"等评价对象无法确定，无法表达文本中包含的语义成分的具体内容，情感词与评价对象缺少关联关系，能够体现的观点内容较为匮乏，因此研究者通过对传统情感分析模型引入语义规则来统一情感与语义内涵，从多个角度体现观点所包含的信息。

目前有的学者将微博博文特征扩展到观点挖掘模型中，以卷积神经网络为框架，在嵌入层加入博文中关键词向量并与评论词向量进行拼接，在微博观点句识别中达到了较好的效果。有研究者提出了将评论特征与观点相匹配的方法来体现观点的语义特征，认为观点挖掘的基本评价单元为（特征，观点）的二元组，提出了一种基于语义词典的特征观点对提取方法，在保留观点情感的同时也能体现观点的语义特征，也有利用句法依存树来抽取评价特征与观点词的二元组，并使用提升树对观点进行分类。对于某些领域评价对象与观点词更新频繁的情况，则需要采用无监督的观点挖掘方法。利用 LDA 主题模型对短文本中观点与评价特征进行挖掘，有研究者提出了一种关联约束 LDA（AC-LDA）模型来有效捕捉评价特征的共现关系。也有结合 LDA 与 CRF 模型使用区分条件随机场进行领域词语提取，并用于分析评论情感表达与观点方面表达。

综上所述，网络舆情的量化主要是将网络舆情中的文字内容向量化，并通过机器学习的方法对每条网络舆情的情感、整体网络舆情的规模和影响力进行度量。这是目前最为主流的办法，虽然从整体来说并不能做到情感判断的完全正确，但面对海量的网络舆情内容利用机器学习无疑是最有效率的方法。本书对企业的网络舆情情况选取几十家企业的三年网络舆情数据，数据量将高达几百万条，利用传统的情感词典等方法并不能快速对网络舆情情感进行分析，因此本书将利用基于卷积神经网络的方法构建网络舆情情感测度模型，并对数据进行测度。

2.3 网络舆情影响企业价值的相关理论与文献综述

2.3.1 网络舆情影响企业价值的相关理论

（1）行为金融理论

行为金融理论是基于行为金融学而产生的，融合了心理学与社会学等学科的优秀理念，是针对解决传统理论所不能解释的关于投资者行为的系统性偏差和异常现象的一种理论。在20世纪80年代，传统有效市场假设和传统理性经纪人理论已经无法解释市场中关于投资者的各类异常行为，如投资者的价值效应、规模效应等，虽然有诸多学者对传统理论进行补充和边界修订，但依然无法很好地解释现实市场中关于投资者的异象。在此背景下，行为金融理论开始崭露头角，该理论否定了有效市场理论的前提假设，认为投资者并非是完全理性的，其行为的成因是极其复杂的，受到投资者心理（Psychology）、情绪（Sentiment）等各种因素影响。

行为金融理论的形成主要经历三个阶段。一是初始阶段，Keynes从心理预期的角度，分析投资者对股票选择行为的关注点，将投资者心理与其投资行为相融合提出股市"选美竞赛"理论，这是最早将心理学在投资者决策行为中运用的理论（Keynes，1936）。随后，Purrell将实验方法应用于投资者心理行为特征的研究，形成了最早的行为金融理论，之后由Bauman（1969）、Slovic（1972）等人逐步完善，形成了目前被广为接受的行为金融理论。二是发展阶段，诸多学者将行为金融学应用于研究投资者认知与行为偏差的关系上，其中以Tversky和Kahneman共同提出的"期望理论"为代表。该理论认为风险态度、心理会计和过度自信等是使投资者形成认知偏差并进而影响其行为的主要因素，是投资者在不充分信息条件下根据决策偏好做出的决策过程。三是完善阶段，在行为金融理论逐步被学界所认可，诸多学者基于该理论提出诸多衍生理论，最著名的即为由 Thaler 在 1987 年提出的羊群效应概念，后经过 Shiller 在其《非理性繁荣》一书中完善，认为市场形成泡沫的原因是投资者非常重视从众心理，形成"羊群行为"（Herd Behavior）所导致的。

因此我们可以看出，行为金融理论专注于从投资者心理入手去剖析带动其行为的具体因素。例如羊群行为，该概念认为投资者由于信息掌握不充分以及对自身所掌握信息的误判，在投资行为上更倾向于模仿其他投资者行为，跟从市场大趋势。因此，投资者的投资、决策等行为都并非是受到自身基于客观事实进行理性分析而进行的，投资者并非是完全理性的，都会根据自身认知水平、风险判断、短期预测、心理情绪等因素来决定其行为。比如投资者在信息掌握不充分时会根据短期历史数据来预测长期未来，试图通过寻找趋势当中的共性以期获得超额利润（Kahneman 等，1979）。这充分体现了对于同种问题，个体的行为选择是根据其心理认知水平来决定的。在金融领域，投资者行为的差异化是由于问题呈现给他们的表现形式不同，因此每个投资者也会通过不同的行为去解决问题。

（2）信息不对称理论

信息不对称的基本概念是：在市场经济活动中，市场各方对市场中传递的信息在了解上是存在差异的，持有信息较为充分的一方在交易中往往处于有利地位，而信息匮乏的一方则处于不利地位，相较于信息优势方更难获取利益，同时容易被信息优势方利用对局势的充分把握收割。该理论认为，市场的卖方相较于买方存在信息优势，对交易信息拥有更多的了解，因此可以获得更多超额利润。同时掌握更多信息的一方可以通过向拥有信息较少的一方传递信息从而获得更多利润。信息不对称是市场经济一种固有的弊病，较难通过市场手段自我消除，而是需要通过发挥政府职能，在市场体系中进行有力调节。信息不对称理论为很多市场现象，如股市沉浮、就业问题、信贷配给、商品促销等提供解释，并成为现代信息经济学的核心。自此，学术界开始对信息不对称的问题进行系统的研究，多位经济学家对这一理论进行了广泛研究，并应用于经济生活的各个领域。他们分别在劳动力市场、保险市场以及金融市场等很多领域对这一理论进行了拓展性研究，并提出了"逆向选择"理论、"市场信号"理论以及"委托–代理"理论等信息不对称经济学的基本理论。

诸多学者从实证角度出发验证了信息不对称对市场的影响。通过观察美国市场的高频交易数据可以发现，在股票市场中，一笔交易的信息含量可以用其对股价的影响来衡量，信息对股价多空影响越大的信息，相较于大的公司，小公司由于在信息披露上的不规范从而拥有更多的信息不对称，因此存在信息内幕交易的可能性也更高（Hasbrouck，1991）。相较于市场流动性的自我调节机制，信息交易会永久改变股价走势。有学者研究发现股市的股票价格会出于流动性因素而逐渐回归，恢复至正常波动，而信息交易则可以对股价波动造成永久性的改变（Llorente等，2002）。也有学者通过对股市日成交量收益率的自相关系数进行研究，发现股票市值越小，买卖的价差越大，则股票的自相关系数越大。从信息的定价能力角度，基于定期信息披露的前5天内股票的异常特质波动可以发现，内幕交易、卖空交易、机构交易等资本市场中的信息不对称交易对股票的定价都会造成影响，这些交易普遍由于信息不对称存在更轻的定价能力，投资者在面对基于信息披露的信息不对称风险时需要求得更高的回报（Yang等，2015）。因此，从信息风险的角度出发，投资者无法识别操控信息对收益回报带来的风险，同时信息操控带来信息风险的同时也具有较强的价格发现能力（于李胜等，2007）。

（3）信号传递理论

该理论起源于20世纪70年代，经济学家普遍开始注意信息传递在经济学领域中的作用，并形成信息经济学这门新学科，信号传递理论由此而生。该理论认为在信息不对称情况下，通过合理的信息传递工具和方式可以向外部释放信息，消除外界的信息不对称环境，使外部的人员凭借掌握的信息做出合理决策（Spence，1973）。当前较多财务会计领域学者基于信号传递理论开展研究。企业的研发具有较高的风险性，科技型研发公司的资产多为人力资本、知识产权等无形资产，因此在信息披露过程中的信息传递困难容易加重企业与投资者间的信息不对称程度

（高慧艳等，2012）。因此，对于此类企业，其他渠道的信息可以很好地将信号向外传递，如政府 RD 补贴在一定程度上能缓解科研企业和市场的信息不对称，能够向外部释放利好信号，因此获得政府 RD 补助的企业能够产生信号传递效应，对外部投资者产生认证效应，在外部获取信号后会增强企业的外部融资能力，更容易获得其他渠道的资金支持，缓解融资约束，同时也能降低市场投资者在信息不对称环境下选择投资项目的难度和偏误（Meuleman 等，2012）。此外，政府的某些行为，如企业的新产品认证、企业专利获批、特殊补贴等信息的官方披露，也会向外部传递信号（Narayanan 等，2000），这类信息都属于利好消息对外界的释放，能够增加相关投资者对企业内部项目的信心，这就是信号传递对企业所产生的作用效果。同时，政府在实施行动前都会对企业进行系统深入的内部调查，确保政府资金使用到位，并且为了消除社会猜疑，也会将部分信息进行披露，这也同样能够将企业内部的真实信息以信号的形式向外界传递（郭晓丹等，2011），因此信号传递理论为政府公示消息、增加企业融资能力提供了强有力的理论基础（Feldman 等，2006）。企业自身的某些行为也能将企业内部情况的信息向市场传递，如企业的管理者非常重视企业股利水平的变化，因此企业的股利发放水平也向资本市场释放了企业是否具备发展前景的信号（吕长江等，1999）。上市公司通过各类渠道公开披露内部控制信息也会向企业的利益相关者传递企业有效控制的信息（吴益兵，2012）。当企业关于社会责任的信息在各种渠道中传播也可以向外界传递企业建立声誉的有效信号，包括企业人员（如管理者）的声誉也是企业信号传递的一种重要方式，当企业 CEO 声誉受损则会给投资者一种企业声誉连带受损的信号，因此众多投资者在选择投资企业时会重点关注企业管理层人员的道德水平（李辰颖等，2014）。综上所述，在网络高度发达的今天，网络作为信号传递的重要场所，极易伴随网络舆情的传播而将信号向外界传递，从而对企业造成后续影响。

2.3.2　网络舆情影响企业价值的文献综述

互联网时代，众多知名案例和理论研究都表明了网络舆情不仅对现实的公共世界影响巨大，其影响力已经快速扩展至金融市场。最早将舆情与企业价值联系在一起的研究是分析传统媒体对企业管理危机的影响，危机管理（Crisis Management，CM）这一概念最早是由美国学者罗伯特·希斯于20世纪60年代提出的，他认为危机管理包含对危机事前、事中、事后所有方面的管理。日本学者龙泽正雄认为危机管理是发现、确认、分析、评估和处理的危机过程，强调以最少费用取得最好效果。由此可以得出危机管理是一个过程。早期研究多基于扩散理论，一般来说，信息扩散可以看作是一个获得信息、传输信息、产生信息和反馈信息的过程。企业只有以一定的信息为基础才能驱动其运行机制，才能保证管理功能的充分发挥。要有效地进行危机管理就要十分重视信息在其中的重要作用与地位。信息危机管理的核心内容是如何迅速地从正常情况转换到紧急情况的能力，即管理人员需要能够迅速地从常态下的行为与思维方式，转换到非常态下如何应对危机的措施上来。在许多情况下，这就需要信息来确认目前是否处于非正常情况，这就是企业负面新闻在媒体中爆发后的忽视信息的扩散作用导致企业出现公关危机的原因，并进而导致企业价值的损失（Burnett 等，1998）。实际上，根据危机管理理论，企业危机管理依赖于信息交换能力和危机管理者根据收集的信息制定有效行动方针的能力，过去许多管理者忽视媒体对信息的传导作用，因此当传统媒体通过影响企业的声誉进而影响企业的公众信任与美誉时，导致企业发生管理危机，对企业经营、股票价值等方面造成影响，并进而使企业蒙受价值损失（Davis，1997）。

随着互联网的兴起，企业能否将信息管理融入到危机管理之中，重视信息对企业危机带来的影响，用信息管理的思想来改造危机管理过程，直接决定着企业应对危机的效果，例如，资本市场信息环境与资本市场之间的信息不对称对企业经营及股价的显著影响，因此越来越多的研究开始转向网络媒体渠道对企业价值的影响。在过去，在股票市场中机构投资者具有绝对的信息优势，而中小投资者受限于信息获取成本高，并且意见无法统一，因此其意见很难向资本市场传递（金雪军，2013）。网络环境的兴起打破了传统媒体的单向传递渠道，并且网络环境为观点的创造性迸发提供了土壤，网络舆情由此而生。当前最火热的自媒体平台可以显著增加企业与投资者的双向沟通，并且现在高度发达的网络环境使各类股民拥有投资者与网民共存的双重身份，投资者对以社交媒体为代表的自媒体平台的深度使用能够显著提升其信息获取能力，进而对企业价值的变化起到更多的决定作用（Uyar，2018）。网民使用社交平台获取企业信息具有不受时间、空间限制的优势，并且社交平台中的网络舆情具有多向传递的特点，大大降低了网民的信息获取成本，企业的诸多信息都可以通过网络渠道进行披露，并经过网民讨论形成网络舆情，网络舆情中的有用信息对于影响企业价值具有重要作用（胡军，2016）。

　　目前网络舆情的海量化使得传统研究方法的研究效率越来越低，因此将计算机技术融合至网络舆情研究中已经是必然趋势。针对网络舆情影响企业价值的研究方式主要从两个角度开展，一是利用自然语言处理将网络舆情的文字内容量化，转化为情感、观点等指标，以此来分析网络舆情对企业价值的影响。二是利用机器学习将网络舆情指数化，以网络舆情指数的方式分析网络舆情与企业价值间的预测关系。早期研究者将舆情评论数作为评价指标，通过截取网络舆情与企业股价的截面数据分析二者的关联性，研究表明，投资者的在线评论数量与当天股票的异常波动呈现显著的正相关关系，并且对第二天股价预测也具有较强的效力（Sabherwal等，2008）。同时，投资者发表评论数量较多的企业都具有高市值、高市盈率与高波动率等特征（Tsukioka Y等，2018）。后来逐渐有学者发现在网络舆情量级越发膨胀之后，在线评论的情感与股市收益明显相关，但并没有预测能力，评论数量已经难以预测企业股价（Yun等，2014）。因此有学者从网络舆情文本内容入手，从情感、网民异质性等角度预测网络舆情与企业股价或价值的影响关系。有学者从特定网络群体着手，通过构建网络分析师关注指数，研究网络分析师的过分关注如何影响企业价值，结果表明，分析师的经验、身份等异质属性越高，其关注的上市公司的企业价值波动越大（许汝俊，2019）。也有学者通过自然语言处理技术将网络论坛中的文本内容划分为看涨与看跌两种观点，并构建企业股票的看涨指数与看跌指数，结果发现网络舆情中的多空观点能够显著影响企业的资本市场表现，看涨指数越高则短期内企业的股价增长得越多（金雪军，2013）。构建网络舆情情感指数也是目前较为主流的一种方式，由于投资者情绪会显著受到网络报道和网络舆情情绪的影响，因此网络舆情的情感也会通过影响投资者情绪进而影响企业的股价，导致企业价值的变化（Carretta等，2013）。将网络舆情的情感进行量化，划分为正面情感与负面情感的网络舆情，构建网络舆情情感对企业股价的预测模型进行分析，结果表明，网络舆情情感可以较为直观地表现投资者的态度和关注度，并且网络舆情情感与短期内股价呈现显著正相关（胡鸿宇，2017）。

利用机器学习方法通常是用于预测企业的股价走势，基于量化数据的股票预测研究大多依赖传统数学方法和机器学习。机器学习方法的优势是适用于大规模数据的关系理解，可以处理当前网络中的大数据分析问题。利用传统机器学习方法支持向量机（SVM），可以预测股票的第二天收盘价，通过对大盘指数进行主成分分析后，再利用相关分析提取特征，最后利用SVM对次日股价进行预测，并有较高的准确率（Guo等，2014）。有研究者利用ARMA模型对沪深300估值期货10个交易日内的高频交易进行研究，分析高频日内收益率的分布特征，确定样本ARMA的阶数，并通过最小二乘法估计模型系数，对日内高频收益率的预测效果较好（王苏生等，2018）。目前利用各类神经网络对金融市场进行预测是较为主流的方法。Bao等利用小波变换对六个不同规模的股市进行股票价格、技术指标和宏观经济数据降噪处理，然后利用长短期记忆网络（LSTM）进行预测，发现该网络对不同的金融市场的股价都能起到一定的预测作用（Bao等，2017）。也有研究利用混合模型对股价走势进行分析，通过损失函数联合的方式将长短期记忆神经网络（LSTM）和卷积神经网络（CNN）进行结合，融合了LSTM对长时间序列依存关系的学习能力与CNN提取数据深层特征的能力，训练数据即为股价的时序数据与股票K线走势图，充分发挥两者优点，在预测企业的股价上有较高的准确性（方义秋等，2022）。利用目前新兴的深度学习模型BERT对资本市场价值预测是未来的研究趋势之一。有研究以关于企业的网络舆情数据作为样本，以企业股价跌涨情况作为标签，对样本进行清洗、文本向量化等预处理后设计出代表短线、中线、长线三种数据集，并搭建基于深度学习模型 BERT 的金融情感预测系统，经过训练和评估后，利用网络舆情对企业股价的预测准确性极高（于赐龙等，2021）。由此可见，股价是企业价值的一种表现形式，而在互联网时代，网络舆情则对于企业股价具有较高的解释效力。

2.4　研究评述

本书涉及的两个主要指标是网络舆情与企业价值，分别代表解释变量与被解释变量。根据已有文献分析，网络舆情指标方面，目前有将网络舆情情感量化以及对网络舆情文本内容量化两种方法，网络舆情作为一种抽象概念，并不像企业财务指标那样存在具体数值，因此从这一角度看，目前主流的将网络舆情量化的方法都存在部分合理性。网络舆情作为公众情绪、立场在网络中的表达，是一种很明确地表现公众情感的概念，因此网络舆情情感量化能够作为网络舆情的指标。同样的，对网络舆情文本内容进行分析也是从观点内涵的角度去挖掘网络舆情的传播形式，将大量网络舆情文本内容的挖掘信息进行汇聚也可以表示网络舆情的传播。因此，本书认为，对于网络舆情的量化可以多方借鉴，多方参考，选取多个指标来衡量网络舆情这一新兴概念，能够更全面地反映网络舆情的影响。

根据前文概括，企业价值的度量也存在多种方法，企业价值的绝对价值评价模型就是利用企业财务指标测算企业价值，但通常都存在较多的问题，如具有使用条件限制、指标测算困难、部分测算步骤未经过研究界检验等。因此，目前较为主流的方式是利用市场价值指标测算的相对价值模型，如 Tobin's Q，该指标具有极强的预见性和前瞻性，并且适用范围广、使用灵活，经过几十年的检验，已经成为目前最为成熟的测量企业价值的指标，并且结果表示简单，易于计算，可以有效避免外部因素如经济波动带来的破坏，有助于使衡量指标一致，便于横向比较。

在指标选取方面，从已有研究中可以看出：首先，关于企业的网络舆情能够为企业带来额外的销售环境、资金来源、营销方式，从多个方面增加企业资产的市场评估水平，从而增加企业的内在价值。同时，从以往文献中可以总结出，网络舆情对企业价值的影响大体上从三个方面产生，一是网络舆情会影响企业外部投资者对企业未来的预期，通过消除信息不对称为投资者评估风险并获取利润提供更多参考，并通过调整对企业的投资力度规避企业的舆论风险，因此会对企业的融资造成影响。二是网络舆情的传播模式会对股票市场中的中小投资者的交易热度进行引导，中小投资者具有的羊群效应极易被网络舆情中的利多或利空消息引导，因此投资者情绪的变化会传导至企业股票价格上。三是网络舆情对企业整体的社会声誉产生影响，声誉作为企业重要的无形资产，是市场对企业进行评估的重要指标，声誉作为一种重要的企业形象信号，会向外界传递企业管理中的问题表现，进而导致企业的经营环境产生变化。

而对于网络舆情对企业价值影响方面，现有研究较多，但都是从单一角度或变量分析网络舆情的某种属性对企业价值的影响，并且对于网络舆情对企业价值影响的中介效应没有进行针对性的研究，很少有研究提及网络舆情通过何种途径影响企业价值的变化，这中间的较为常见的传导路径是怎样的，影响的作用机制又如何，这些问题目前尚未有研究进行深入思考，因此本书将从这一角度深度剖析网络舆情影响企业价值的路径。

第3章 网络舆情影响企业价值的机理研究

本章将以行为金融理论、信息不对称理论、信号传递理论为理论基础，剖析网络舆情影响企业价值的内在原因，并结合前人研究成果构建网络舆情影响企业价值的框架，总结网络舆情影响企业价值的机理，分析影响路径。在此基础上，形成本书整体的理论框架，并归纳出网络舆情影响企业价值中的各个要素作为本书研究变量，为后续章节进行实证研究打下基础。

3.1 网络舆情影响企业价值的理论分析

3.1.1 行为金融理论视角下网络舆情影响企业价值

行为金融学的观点揭示了投资者会优先挖掘对其投资策略有效的市场信息，并根据收集到的信息综合判断后结合心理预期做出投资决策。随着互联网技术的快速发展，正改变信息的传播生态和方式，微博、微信、短视频等自媒体的兴起为信息传播提供了快速、实时的渠道，打破了传统媒体在信息传播上的局限（Miller 等，2015）。Cormier 和 Magnan（2008）的研究结果就显示，企业的业绩信息除了可以通过披露报告来获取以外，也可通过 Web 网页来进行收集。结合当前信息流通环境与信息技术的发展，目前投资者除了通过企业定期披露的报告来获取企业财务信外，能够获取非资本披露信息最有效的途径便是通过网络渠道对企业经营活动、人员状态、企业文化等非年报披露的信息进行获取。投资者对企业股票的"追涨杀跌"的非理性行为极大程度是受到对企业相关风险信息进行浏览和获取后形成的，在对金融风险进行充分感知的同时对其他投资者的行为进行参考，最终形成了自身的投资决策，而这些信息较多的部分就是隐藏于大数据环境下的网络舆情信息中的（罗鹏等，2018）。

由此可见，网络舆情能够改变投资者的心理预期与投资行为，这符合行为金融学的定义，那么网络舆情又是如何影响企业价值的呢？一方面，根据过去学者对企业价值的定义，企业价值与企业的投资决策密切相关，同时也包括股权、债权在内的市场价值（Modigliani 等，1958）。从这个角度，网络舆情通过影响投资者对企业股票的投资行为导致企业股权的变化，另一方面，网络舆情中包含大量企业经营活动、社会责任、政治关系、销售合同、研发创新等方面的信息，这些信息大部分并非为企业正式披露的信息，这些信息也会改变银行、合伙公司等债权主体对上市企业的投资调整。公司的各类信息发挥着让投资者和债权者分析和辨别企业综合风险和企业价值的重要作用（Ettredge 等，2002），而网络舆情就是投资者和债权人在当前互联网时代中获取企业信息的最佳渠道。因此，结合行为金融理论，网络舆情通过使投资者和债权人获取更多对企业的了解与认知来调整对企业的支持力度，进而导致企业由于股权和债权的变化带来企业价值的增加或减少。

3.1.2　信息不对称理论视角下网络舆情影响企业价值

信息不对称通常是伴随着交易关系或契约关系存在的，一方的信息获取不充分使得其无法完全了解特定商品的全部信息，从而导致另外一方可以获取额外利益（Bebchuk 等，2003）。由于信息传递渠道闭塞，信息获取成本极高，投资人与债权人对企业的了解存在局限，对于企业没有披露的财务、经营、创新等方面的信息难以获取，或是企业信息由特殊途径泄露后没有得到大规模的传播导致信息沉默，对企业股价与外在价值的影响微乎其微。当互联网蓬勃崛起之后，网络成为了传递具有倾向性观点与信息的绝佳渠道，与传统媒体相比，网络媒体和社交渠道能够有效扩大信息传播范围，并放大观点不同者的影响力，对于以中小散户为主体的投资者群体的认知改变能力更强，进而导致企业价值和资产价值的变化（安雅慧，2012）。中国作为一个新兴金融市场，市场机制与结构尚不完善，内幕交易、投资者认知不充分等信息不对称情况导致企业价值波动大、影响因素复杂等问题。而在互联网大数据背景下，网络舆情将信息在企业利益相关者圈子内进行有效传播和扩散能够有效形成强大的舆论场，消除信息不对称的同时影响投资者的心理认知与债权者的投资决策，从而对企业内部与外部价值造成影响（粟亚亚，2020）。此外，网络舆情消除企业与投资者间信息不对称的过程中提升了交易者对企业资本市场情况的认知，在市场基础价值不变的情况下，企业相关的交易者对企业的金融资产价格有了更多的认知，从而抑制市场中资产泡沫的产生（宗计川等，2017）。外部融资作为企业经营发展的重要资金来源，其对企业价值的重要性不言而喻，许多研究都证明了外部融资需求与企业价值间呈现显著的正相关，并且能够通过改善企业盈利能力来更多地提升企业价值。而银行作为企业最重要的债权融资方之一，企业的银行贷款通过程度就极大地影响企业的价值增长水平，银行与企业间也存在信息不对称的情况，银行在放贷的过程中对企业进行的商业调查也仅能发现企业账面中存在的问题，而企业背后不为人知的各类信息银行也无法通过正常渠道获取，因此，通过对企业的网络舆情进行审查也是现在银行调查企业的一种重要方式（Yang 等，2012）。

3.1.3 信号传递理论视角下网络舆情影响企业价值

信号传递理论的基本思想来源于信息不对称理论，信息不对称理论阐释了市场中的交易双方分别处于信息优势方和信息劣势方，优势方可以利用信息占优的方式来收割劣势方的利益。而信号传递理论是描述市场上双方都期望通过各种渠道实现信息传递，来规避逆向选择风险和道德风险（王钦池，2009）。因此，市场信息优势方会倾向将自身真实信息通过渠道传递给企业的外部利益相关者，如投资者、债权者，使外部利益相关者能够真实地掌握企业情况，从而使其能够正确客观地评价企业产品与企业价值（郭肪汝，2013）。例如，对于企业，企业管理层热衷于将高质量的企业社会责任信息向外界进行披露，从而使市场各方了解企业文化与道德水平，向外界传递公司治理水平高效、透明等信号，同时减少企业负面信息被内部隐瞒的可能性（Kim，2012）。而对于企业利益相关者，更关心被企业内部人士隐瞒的内部消息，减弱企业内部信息优势，抑制企业选择性信息披露和负面消息隐瞒行为，因此企业外部利益相关者会通过各种渠道获取企业非正式披露信息所传递的信号，缓解由此带来的内幕交易等问题（Healy 等，2001）。

综上所述，在网络时代，网络环境是信息传递的绝佳渠道，其极广的用户群体覆盖面以及高效的传播方式使企业各类信号能够有效向外部市场传递。企业主动的信号传递行为，如上市企业在其官网、官方社交账号发布的非规定强制披露的信息能够向投资者和用户群体释放企业未来发展潜力、社会责任、环境治理等多个方面的信号，强化企业在为其利益相关者创造价值和实现目标的良好形象，使利益相关者对企业的评价提升，有利于企业通过获得额外融资、股票增值等方式实现企业价值的增长。而企业利益相关者主动获取企业传递信号的行为，是利益相关者为了消除与企业之间的信息不对称局面，了解企业真实情况的一种重要方式。企业利益相关者通过在网络中检索关于企业的能够侧面反映企业情况的信息信号，如政府审查文件、专利文件等，来获取企业真实情况并规避被逆向选择的风险。当部分不利于企业的信息传递了企业的负面形象、欺诈经营、内幕交易等信号，并通过网络舆情大规模传播，则极易造成企业股价崩跌、陷入融资困难等局面，从而造成企业价值的减值。

3.2　网络舆情影响企业价值的概念模型

网络舆情作为具有大数据特征的信息形式的一种，以互联网为传输渠道，作为一种信息流在企业与其利益相关者之间传递。因此，要辨析网络舆情对企业的影响机制，可以从信息视角下分析网络舆情信息在各个市场主体间的传递方式，进而研究网络舆情影响企业价值的机制。

3.2.1　网络舆情影响企业价值的机理分析

网络舆情影响企业价值的过程实质上是企业利益相关者对网络舆情中关于企业的信息进行认知，随后出于风险规避、追求利益等目的调整其对企业的投资态度，导致企业的内在价值与外在价值产生变化。因此从这一角度来看，行为金融学很好地解释了网络舆情→企业利益相关者心理→投资行为→企业价值的影响传导路径。从企业内部价值角度，网络舆情能够使企业信息更多地暴露在投资者视野中，从而缓解企业与投资者间的信息不对称程度，减少由于信息不对称带来的道德风险问题与逆向选择问题，刺激投资者的投资情绪，进而使投资者的投资行为反映在企业的股票市场中，造成股价等企业内在价值的变化。从企业外部价值角度，债权作为企业的资产，也是企业外部价值的重要部分。企业债权人能够为企业提供股权资金以外的企业主要资金，因此当对企业不利或有利的信息以非正式披露的渠道、以网络舆情的形式传播，传递出的各种信号极大程度上会影响债权人与企业之间的关系，对于企业的外部融资、合同签署、产品供应等方面都会产生重要影响，进而导致企业价值产生变化。因此，依据前文总结，并根据行为金融理论、信息不对称理论、信号传递理论，本书首先研究分析网络舆情对企业价值的直接影响，再从投资者对股票的反应影响企业内部价值以及融资约束影响企业外部价值两条路径分析网络舆情影响企业价值的具体过程。

首先是网络舆情对企业价值的直接影响。个体的认知水平不同导致每个个体对事物的认知也不尽相同，个体通过对事物进行认知了解后得到相应的行为反应。映射到商业市场中，投资者作为许多个体组成的群体，也存在不同的认知层次，资本投资作为金融活动的一种，是需要投资者进行加工处理后得出决策结论并付之于行动的一种行为。基于行为金融理论，投资者是有限理性的，其心理预期是受到外界因素影响来决定其行动的，这种行为偏差映射到资本市场中则会导致证券市场出现市场异象，也就可能导致企业内部价格即股价产生变化（王希祝，2012）。因此可以看出，投资者的投资行为很大程度上受到其他投资观点、市场消息、群体行为的影响，网络舆情即是群体性观点和市场消息在网络空间环境中的客观事物，投资者在信息获取过程中或多或少地会受网络舆情信息的影响，来改变其对企业的真实认知情况，进而改变自身的投资行为，来进一步影响企业价值的增加或减少。因此从行为金融理论入手，可以很清晰地解释网络舆情对企业价值直接影响的过程。

企业价值的衡量方式有很多，前文已经对企业价值的概念以及度量方式进行阐述，本书对企业价值的定义，主要借鉴 Miller（1958）提出的：企业价值是包括股权、债权在内的市场价值，即由企业内部价值与外部价值构成。结合理论基础整体来看，行为金融理论阐释了网络舆情对企业利益相关者的影响，导致企业利益相关者结合对企业信息的认知改变投资行为的过程。而从企业内部价值和外部价值的角度来看，信息不对称理论解释了网络舆情影响企业投资者通过股票市场影响企业股价过程，造成企业内部价值的改变。信号传递理论则解释了网络舆情对企业债权人，即银行、供应商等企业利益相关者对企业的借款态度，造成以企业债权为主的企业外部价值的变化。实质上，这都是网络舆情以信息的形式在市场各主体间传递的过程，而在不对称市场中，企业信息的产生过程和使用过程共同组成了信息的传递。网络舆情影响企业价值的整个过程，都是企业产生网络舆情信息、利益相关者接收并使用信息的一系列动作、行为，过程的最终结果都是企业利益相关者在网络舆情信息使用上进行决策并作用于企业，使企业价值产生变化。企业的网络舆情信息在被企业投资者接收后，消除了企业与投资者间信息不对称的局面，使投资者更多了解企业的真实情况，使投资者的投资情绪在积极与消极间转变，进而造成企业股价的变动，从而使企业价值变化。对于企业债权人，正面的网络舆情信息能够给债权人传递企业经营情况良好的信号，在企业进行信用贷款或融资的过程中会减少融资阻力。而负面的网络舆情信息则向债权人提供一种企业经营不良、创新能力差、管理混乱的信号，打击债权人信心，债权人会收紧对企业借款或投资的额度，从而造成企业外部价值的减值。因此网络舆情除直接影响企业价值外，也通过影响企业内外价值两条路径间接影响企业价值，具体机理如图3-1所示。

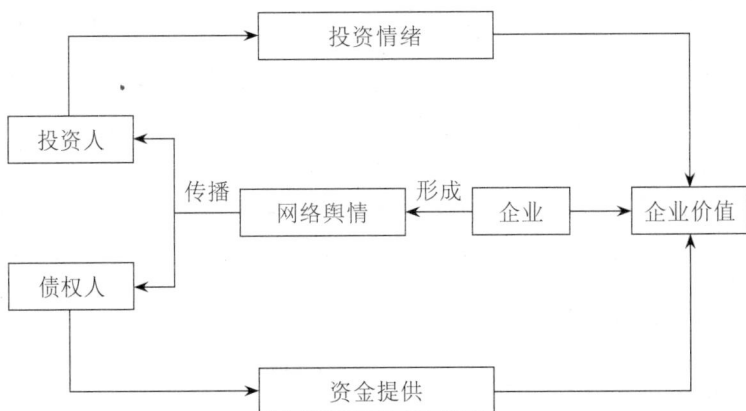

图3-1　网络舆情影响企业价值的机理模型

3.2.2　网络舆情影响企业价值的路径分析

前文已经对网络舆情直接影响企业价值的机理进行了详细的分析，而其中的具体传导路径则可以从网络舆情影响企业价值的内部价值与外部价值两条路径进行分析。因此，在行为金融理论、信息不对称理论、信号传递理论的基础上，分析网络舆情影响企业价值的方式可知，网络舆情影响投资者导致其情绪的变化可以影响企业内部价值，影响债权人则导致其投资行为的变化影响企业外部价值。

（1）网络舆情通过投资者反应影响企业价值的路径

企业的网络舆情会通过情绪效应对投资者反应造成主导效果。首先是企业网络舆情对投资者选择的影响，网络舆情信息之所以引起投资者的投资行为，并不是因为信息扩展了投资者的认知水平，而是改变了此前处于认知局限下的投资者行为选择（易志高，2017）。因此，投资者在接收更多企业信息的同时也更能识别企业的真实情况，消除认知局限。当网络舆情传播范围持续扩大，更多投资者与企业处于信息平等状态，并调整交易行为，反映在资本市场中即成为投资者反应的表现，投资者反应则会进一步同化更多投资者的情绪反应。根据信息不对称理论，当双方的信息处于对称情况下之前的信息占优方的信息优势将不复存在，此时市场将变成信息对称市场，并且市场交易双方都是完全理性的，投资者的投资行为反映出的企业股价也就是企业的真实价值。因此，当大量投资者受网络舆情引导的投资者反应影响，更加趋于理性并采用保守的投资行为，股价便能反映真实的企业价值，相应的企业价值会由投资者的反应情况的倾向上升或下降。从路径上看，便是网络舆情→增进/降低投资者反应→投资行为改变→企业股价变化→企业价值改变，具体如图3-2所示。

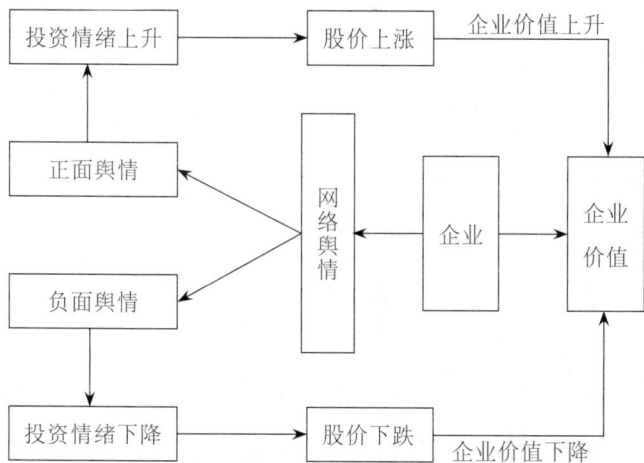

图3-2 网络舆情通过投资者反应影响企业价值的路径模型

（2）网络舆情通过融资约束影响企业价值的路径

从企业外部价值变化的角度来看，网络舆情对企业债权人具有信号传递的作用。与通过股票市场进行价值投资的投资者不同，由于债权人与企业缔结的契约关系，双方同样存在的信息不对称问题会导致道德风险问题和逆向选择问题的存在，企业的真实情况隐瞒会导致企业债权人不了解企业真实情况，而不能很好地调整投资行为，进而造成债权的损失。基于信号传递理论，企业债权人可以通过多种渠道来接收关于企业真实情况的信号来及时调整策略。因此企业债权人将更加关注企业真实情况的信息，对于企业故意隐瞒的企业经营情况债权人通常情况也无法更多地了解，因此网络中关于企业的反映就很好地将企业真实情况的信号向债权人传递，债权人就可以避免因企业违约导致的债权道德风险问题，同时也可以避免被企业逆向选择。这种情况对企业来说就会减少债权的获得，债权作为企业的外部价值，也是企业重要的资金来源，当企业债权人通过网络舆情接收的信号降低对企业的投资，就会造成企业融资问题的出现，也就是融资约束会增大。相应的，企业将优秀的业绩水平和投资回报数据向债权人披露，能够增加债权人的信心，就会加大投资或借款力度，进而缓解企业融资约束，也增加企业的债权价值。因此网络舆情通过融资约束影响企业价值的路径便是网络舆情→企业真实情况信号传递→债权人投资策略调整→企业融资约束加强/缓解→企业外部价值减少/增加，具体路径如图3-3所示。

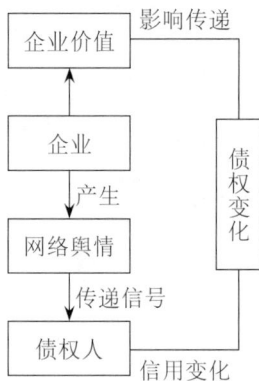

图3-3　网络舆情通过融资约束影响企业价值的路径模型

3.2.3　网络舆情影响企业价值的理论框架模型

本书根据行为金融理论、信息不对称理论、信号传递理论分析网络舆情对企业价值的影响。综合来看，网络舆情除直接影响企业价值的路径外，也通过影响企业投资者的投资情绪导致企业股价变化，企业股权融资的变化也就会影响企业内部价值，以及影响企业债权人的投资信心来使企业融资约束变化，进而造成企业外部价值的改变。在研究中还发现，企业规模与公司声誉会在路径中起到调节作用。企业规模会对企业持有现金数量产生影响，间接影响企业财务行为和决策的变化，并放大投资者的反应情况对企业的作用效果，来带动企业股权融资成本的提升（Opler，1999）。同时，由于规模较小的企业可担保资产少，受市场波动因素影响更大，收益不确定导致规模小的企业会面临更高的交易成本和风险溢价，导致融资约束更大（刘飞等，2004）。公司声誉作为企业业绩增长的额外动力，对企业的债权与股权也具有较强的调节作用，企业的声誉越高则应对股价崩盘的风险的能力越强，能够抵御更多市场风险（宋献中等，2017）。同时，声誉机制对企业的信用融资具有较好的调节作用，具有较好市场形象的企业能够在信用贷款过程中获得更高的应收账款和预收账款，以及能够延迟还款，增加债权的灵活性（郑超愚等，2021）。因此，可以将公司声誉与企业规模作为调节变量引入模型，来探究其在网络舆情影响企业价值路径中的调节作用，最终形成的网络舆情影响企业价值的模型框架如图3-4所示。

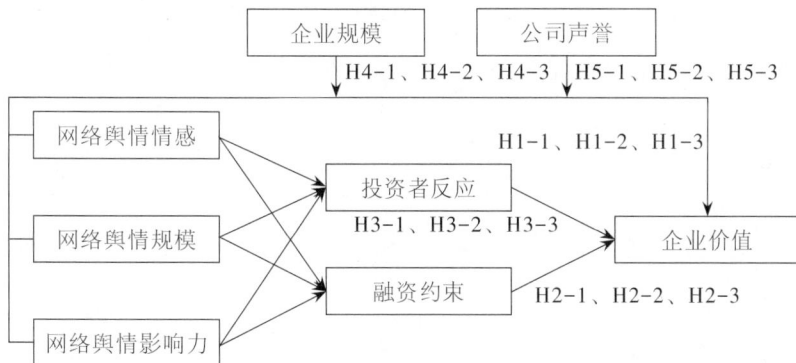

图3-4　网络舆情影响企业价值的模型

由框架图可知，首先是根据行为金融理论对网络舆情对企业价值的直接影响路径进行分析，探究网络舆情的各种属性变化会对企业价值造成怎样的影响，并提出总体假设H1。然后从企业内部价值与外部价值的角度，考虑网络舆情对企业投资人与债权人的投资决策与行为的影响，二者作为企业价值的重要来源角色，决定了企业价值的增长动力，因此本书将融资约束与投资者反应作为衡量投资人与债权人受网络舆情影响后的行为反映指标，并将两个指标作为中介变量加入模型，从其他路径分析网络舆情对企业价值的影响，并提出总体假设H2、H3。同时，在网络舆情影响企业价值的过程中，企业的市场形象与企业的规模也会使网络舆情对企业价值的影响作用加强，从而对企业价值的变化起到更多的促进作用。因此本书将企业规模与公司声誉作为调节变量来探究其在网络舆情影响企业价值过程中的调节作用，并提出总体假设H4、H5。

3.3　本章小结

在本章中，系统全面地对网络舆情影响企业价值的理论逻辑进行了详细的分析。首先，基于行为金融理论、信息不对称理论、信号传递理论，对网络舆情影响企业价值的机理进行了深度阐述；随后，结合理论与前人研究基础，从企业内部价值与外部价值的角度，确定了网络舆情影响企业价值中以融资约束与投资者反应发挥中介效应的传导路径，同时结合对前人研究成果进行分析得出公司声誉和企业规模将对网络舆情影响企业价值的过程起到调节作用的结论，进而确定了本书的调节变量。最后，将各部分内容综合形成整体的网络舆情影响企业价值的理论框架，作为理论基础支持后文研究工作。

第4章 网络舆情度量研究

前文已对网络舆情影响企业价值的理论依据与现有文献进行了梳理，本章基于前人研究成果，将网络舆情解构为网络舆情情感、网络舆情规模、网络舆情影响力，并从上述的三个维度分析网络舆情的测度过程。

4.1 网络舆情评价基本方法

4.1.1 网络舆情评价指标的选取

网络舆情对企业来说既有积极作用也有消极作用，企业的正面形象经过网络渠道的传播能够提高企业影响力、改善企业形象，但一旦企业的负面新闻或流言蜚语经过网络舆情的放大与扩散，将会对上市企业的股价、融资环境、发展前景造成不可逆转的破坏。市场是敏感的，无论是企业的经营方面的负面新闻还是企业高管的个人问题，甚至是企业的上下游产业链公司的问题都会影响到公司的企业价值。在当前高度发达的网络环境下，投资者群体与网络舆情受众往往是同根同源的关系，网络舆情受众在网络中的情绪表达将通过投资者的身份延续至二级市场，一旦上市公司的负面新闻在网络中发酵，极大可能会造成企业价值的减值。本章将从网络舆情对企业价值造成直接影响的角度讨论二者的关系，并利用替换变量法对结论的稳健性进行检验。

目前对于企业价值的度量有许多学者从多种角度进行阐述，但衡量网络舆情与企业价值间关系的关键是如何将网络舆情的传播水平进行量化，网络舆情是由于广大网民在各类网络媒体平台中对热点社会问题进行讨论而产生的信息流，是一种新的社会舆论表现形式，其传播水平很难用单一指标来表示。由于国外对个人隐私保护及个人信息采集的避讳，导致国外对于网络舆情的研究基本停留在理论层面，而极少探讨如何量化网络舆情的传播水平。国内学者针对网络舆情传播水平的量化做了较多的研究，有研究通过评价网络舆情的热度来衡量其传播能力，韩玮等（2021）基于焦耳定律中各变量的逻辑关系，从事件、受众、媒体、政府这四种核心要素角度构建了网络舆情热度量化模型；齐丽云等（2020）则以企业、政府、民众、媒体、意见领袖五个主体为节点构建企业社会责任负面事件网络舆情影响力量化模型。有学者则从情感角度表示网络舆情的传播水平，魏静等（2021）挖掘不同情感倾向性对于网络舆情传播过程的影响。陆敬筠等（2020）基于LDA-BiLSTM模型计算高校网络舆情的情感极性，并以此作为衡量网络舆情的指标。也有部分学者从传播规模角度分析网络舆情，黄微等（2019）利用网络舆情话题中用户传播属性与话题传播属性构建网络舆情衍进指数，即对网络舆情的综合影响力进行度量，用于评价网络舆情传播的效果，这是度量网络舆情传播的一种新指标。

网络舆情作为一个抽象的概念，目前学界并没有形成统一的、权威的测度标准，网络舆情传播过程中的主体、客体、本体、媒体等要素都可以作为网络舆情的传播效果的界定指标。由于国外研究从人权角度考虑对舆情的公开研究还不够深入，因此本书主要参考国内相关领域研究成果对网络舆情传播的量化进行分析。从网络舆情量化研究领域可以发现，目前研究者们从网络舆情的情感倾向性、话题规模以及影响水平三个角度来衡量网络舆情传播能力，虽然几种角度都是评价网络舆情的传播，但是本书认为将三种角度结合才能代表网络舆情的整体传播能力，这三种角度都可能会对企业价值造成影响。因此，本书将网络舆情情感指数、网络舆情规模指数、网络舆情影响力指数作为网络舆情的量化指标，并分别探究各指标对企业价值造成的影响。

4.1.2　网络舆情测度过程

网络舆情情感、规模、影响力指数作为网络舆情的度量方式，每个指标表示网络舆情传播效果的一个方面，将指标同时纳入考量可以综合表示网络舆情的整体水平。因此，本书需要将网络舆情这三个维度的指标分别进行度量并设计量化模型，为后文研究提供数据基础。本书网络舆情指标构建的整体过程如图4-1所示。

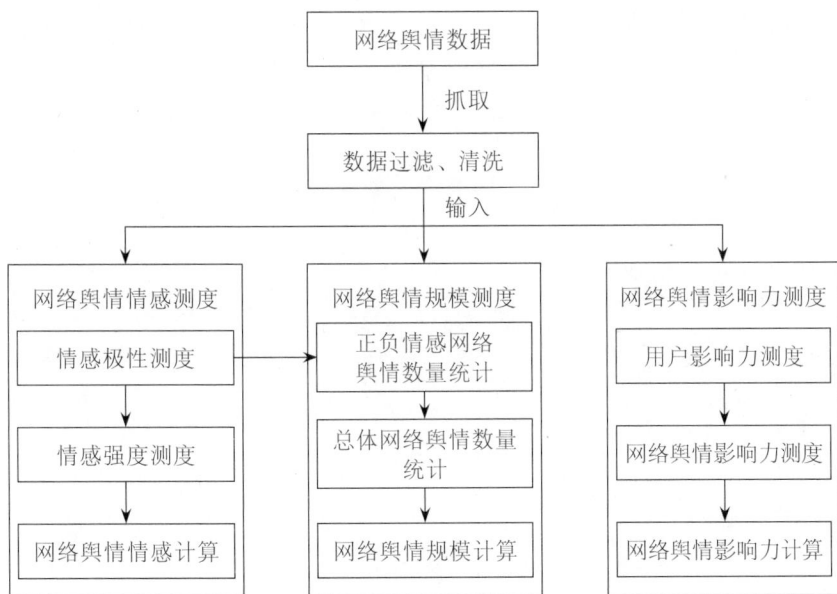

图4-1　网络舆情指标构建的整体过程

如图4-1所示，三个网络舆情指标的测度整体思路如下：首先是网络舆情数据的获取，本书的研究对象为网络舆情与企业价值，因此需要从网络中获取与企业相关的舆情信息来进行后续研究。本书以文娱企业为样本代表，以各家已上市的文娱企业的股票中文名称作为企业舆情的检索关键词，从新浪微博平台中抓取各家文娱企业的舆情数据，抓取内容包括每条微博博文原文及点赞数量等属性信息、博主名称及粉丝数量等属性信息，网络舆情数据的具体情况将在实证章节进行详细阐述。随后将抓取的网络舆情进行过滤与清洗，将纯表情与乱码微博进行删除，利用正则表达式将相同的超话前缀与后缀字样进行删除，得到只包括关于企业的网络舆情文字数据，最后将规整的网络舆情数据分别通过输入三个指标测度模型进行量化，最终得到网络舆情情感、规模、影响力。

　　网络舆情情感的测度思路如下：首先是通过分析前人研究成果来选择合适的情感量化模型，本书综合网络舆情的情感方向与情感数量得到网络舆情情感指数，通过 CNN 模型计算网络舆情的情感极性，通过情感词典计算网络舆情情感强度，得到关于某个企业的每条网络舆情的情感值，将网络舆情数据按照季度划分并将各个季度下的网络舆情情感值累加，即可得到关于企业的每个披露周期的网络舆情情感指数。具体过程如图 4-2 所示。

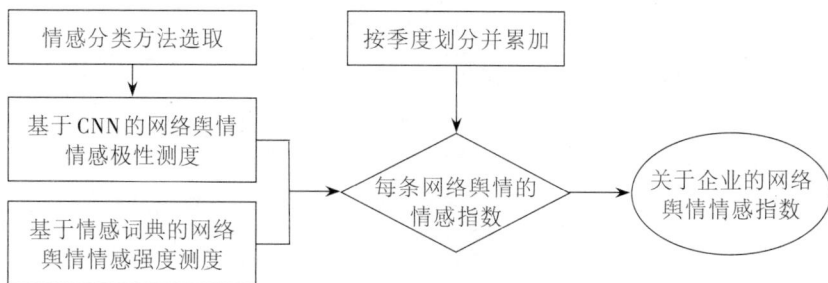

图 4-2　网络舆情情感指数构建过程

　　网络舆情规模指数测度的思路如下：首先需要考虑的是新浪微博目前对网络爬虫开启只能抓取某一时间段关于某个关键词的前 50 页微博，因此为了在尽量少的时间节点内能够获取更多网络舆情数据，本书以 1 分钟为时间切片，循环抓取以文娱企业股票名称为关键词的微博数据。对于股票活跃度不高的企业，其微博相对较少，大多数企业每分钟发布的微博都不足 50 页，因此从微博的数量上就能表示网络舆情的规模。

在抓取完每个企业的微博数据后按照季度统计当季的微博数量，考虑到每条微博的转发也可以视为是一次传播，因此在当季数据的基础上，加上他们各自的转发数，最终结果即为网络舆情规模指数。具体流程如图4-3所示。

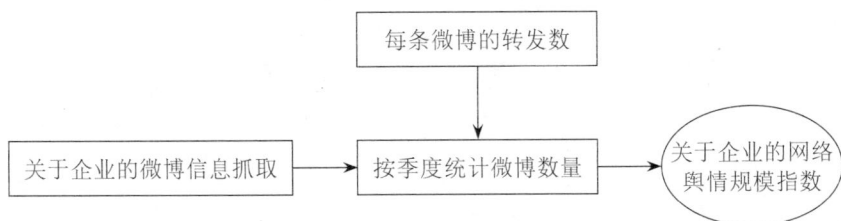

图4-3　网络舆情规模指数构建过程

网络舆情影响力指数的测度思路如下：首先是构建用于评价微博影响力的指标体系，综合微博博文评论、点赞、转发的数量等属性信息与发布博文的微博用户的发文、粉丝、点赞的数量等属性信息，二者的属性信息分别代表了博文与用户对其他用户的影响能力，属性数值越高的微博越能吸引其他用户的浏览与转发。然后利用层次分析法确定各个指标权重，并对各指标数据进行归一化并加权，综合计算每条微博的影响力。最后按季度将微博舆情数据划分，将每个季度的每条微博影响力累加，然后将每个统计季度的数值减去上个季度的数值即可得到关于企业的某个季度的网络舆情影响力，把它作为样本数据用于后续实证研究。具体流程如图4-4所示。

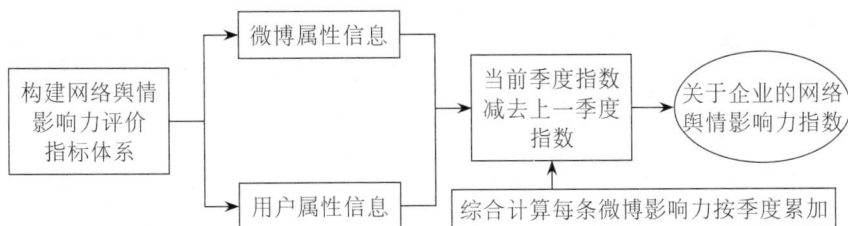

图4-4　网络舆情影响力指数构建过程

4.2　网络舆情情感测度

情感是人对客观事物所持有的态度，而网络舆情情感则是网民群体对蔓延在网络中的热点事件所持有的态度、立场、倾向。目前网络舆情的载体是多媒体形式的，即文本、图片、音频、视频，其中所蕴含的观点与情感我们可以通过自身的思考来感受，如一篇微博博文可被视作针对某一事件的网络舆情，在阅读其文本内容后能得知博主想要表达的情感。但目前高速发展的网络媒体渠道使得网络舆情信息呈指数增长，海量舆情信息难以利用人工审核或标注的方式得出网络舆情情感，因此需要借助如机器学习、自然语言处理等计算机技术来对大量网络舆情数据进行情感分析。

由于目前针对视频、音频以及图片等高维数据类型的情感分析方法尚不成熟，所以基本都是对文本类型数据进行情感的抽取。对情感表达程度的量化主要有两种表达形式，以积极、消极的极性分类方式概括性地描述文本的情感，以及利用正整数或负整数表示情感的标度。前一种方法可以表示文本情感的方向，即情感极性，而后一种方法则可以以数值的大小表示情感的强弱，即情感强度，下面将分别介绍二者的分类方式。

对于情感极性的分类方式主要有三种：分为"积极"与"消极"的二分类法；分为"正向情感"、"中性情感"与"负向情感"的三分类法；还有将情绪划分为喜、怒、哀、乐等情绪的多分类法。采用最多的为二分类法，因为目前对文本进行情感分类主要利用CNN或深度学习等方法利用训练集对模型进行训练，确定模型参数后再对文本内容进行分析。多分类方法的难点在于难以构建较好的训练集去训练模型，得不到较高的准确率，因此本书采用二分类法对网络舆情情感进行分类。目前对文本内容进行情感分析的方法主要有三种，基于分类模型的方法、基于情感词典的方法与基于深度学习的方法。三种方法都有各自的优点与局限性，基于分类模型的方法能够以较高的准确率对文本进行分类，可以是内容分类也可以是情感分类，但对于大规模语料速度较慢。基于情感词典的方法能灵活调整词典内容，适用于专业领域的分类，但面临着词典扩充难的问题，而基于深度学习的方法则是目前最为主流的情感分析方法，能够以极快的速度与极高的准确率对文本的情感极性进行计算。

对于情感强度的计算，多数采用对文本的情感词进行情感赋值，形成具有情感值标注的情感词典，由于句子中的否定词会改变文本的情感极性，而程度副词则会加强句子的情感表达，因此在实际操作中还需要整理形成否定词词典与程度副词词典，并对每个否定词与程度副词进行赋权，然后利用一定的逻辑累加得到句子的整体情感强度值。这种方法能够以较为明确的值表达情感的强弱水平，难点在于词汇情感值的标注是否准确上。考虑到单独利用情感极性分析网络舆情情感对企业价值的影响并不能全面地反映情感对企业价值的影响程度，因此需要结合情感强度做进一步的相关性分析。

综上所述，本书结合前人研究思路，将网络舆情情感指数定义为情感极性与情感强度的结合。利用卷积神经网络（CNN）对网络舆情数据进行情感极性测度，同时结合情感词典计算每条观点的情感强度。CNN能极为准确地对网络舆情观点的情感进行分类，而情感词典方法则能以数值体现情感的强度，将二者结合即可得到网络舆情的情感指数。

4.2.1　网络舆情情感指数测度理论依据

卷积神经网络是一种带有卷积结构的多层监督学习神经网络，卷积神经网络的卷积结构可以减少深层网络占用系统的内存量，该网络的人工神经元可以响应部分覆盖范围内的周围单元，对于大型图像处理有出色表现。该网络模型通过采用梯度下降法最小化损失函数对网络中的权重参数逐层反向调节，通过频繁的迭代训练提高网络的精度。卷积神经网络包括一维卷积神经网络、二维卷积神经网络以及三维卷积神经网络。一维卷积神经网络常应用于序列类的数据处理，二维卷积神经网络常应用于图像类文本的识别，三维卷积神经网络主要应用于图像以及视频类数据识别。卷积神经网络的低隐层是由卷积层和最大池采样层交替组成，高层是全连接层对应传统多层感知器的隐含层和逻辑回归分类器。第一个全连接层的输入是由卷积层和子采样层进行特征提取得到的特征图像。最后一层输出层是一个分类器，可以采用逻辑回归，Softmax回归甚至是支持向量机对输入数据进行分类。卷积神经网络的结构包括：卷积层、池化层、全连接层。

（1）卷积层

卷积层的作用是利用卷积核对输入数据的局部特征进行感知，提取数据的局部特征，然后利用更高层对局部进行综合处理，从而得到全局信息。卷积层的结构是由若干卷积核对输入数据进行逐层扫描得到的，每个卷积核的参数都是通过反向传播算法最佳优化得到的。卷积层使用参数共享机制，不同神经元之间的参数共享，因此所有神经元能够检测到处于数据不同位置的完全相同的特征，同时参数共享机制能够减少卷积神经网络的训练成本。以文本向量作为输入的卷积层的卷积操作如图4-5所示。

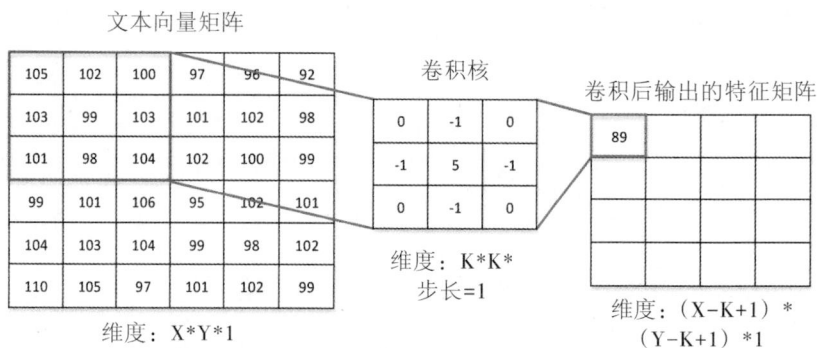

文本向量矩阵

105	102	100	97	96	92
103	99	103	101	102	98
101	98	104	102	100	99
99	101	106	95	102	101
104	103	104	99	98	102
110	105	97	101	102	99

维度：X*Y*1

卷积核

0	-1	0
-1	5	-1
0	-1	0

维度：K*K*
步长=1

卷积后输出的特征矩阵

89		

维度：（X-K+1）*
（Y-K+1）*1

图4-5　卷积层的卷积操作

图4-5中X与Y分别为文本向量矩阵的行与列，由于文本数据没有图像数据的深度维度，因此以文本数据作为输入的数据维度为X*Y*1。卷积核中参数为权值，与文本向量矩阵的局部特征进行卷积（点乘）得到特征值。以图4-5中数据为例，卷积后的特征值（destination value）为89。卷积核按照步长为1在矩阵中滑动，因此卷积后的输出矩阵维度为（X-K+1）*（Y-K+1）*1。

（2）池化层

池化层的作用是降低特征矩阵或特征图的特征空间，是一种降采样操作，池化操作是利用一个矩阵窗口扫描输入向量，然后对每个窗口计算数据归约的过程。由于特征图的参数过多，不利于特征提取，因此池化的目标是对输入数据进行二次抽样，减少计算负荷并降低参数数量。目前主要池化操作有最大值池化和平均值池化，两种池化操作效果如图4-6所示。

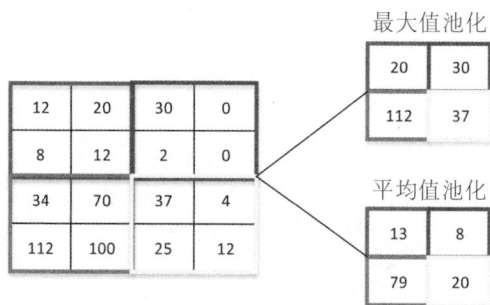

图4-6　最大值池化和平均值池化

以图4-6为例，2*2维度的最大值池化（max pooling）就是取四个特征值中最大值进行保留，而2*2维度的平均值池化（mean pooling）就是取四个特征值中平均值进行保留。如果池化窗口的行列维度不能被输入数据的行列维度整除，则需要进行补零操作（padding）。池化操作能够降低参数数量，对输入数据降维以及进一步压缩，减少过拟合的同时提高模型容错率。

（3）全连接层

全连接层是连接池化层与输出层的连接层，经过前面对输入数据进行卷积与池化操作后，模型将学习到特征图的全连接层，在全连接层之前如果存在数目过大的神经元则容易出现过拟合，因此通常引入dropout操作，随机忽视神经网络中的部分神经元，或正则化来解决此问题。全连接层可被视作一个简单的多分类神经网络（如BP神经网络），通过softmax函数得到最终输出结果，整个模型训练完成。全连接层中所有单元都与上一层完全连接，对于多通道数据，可以按照卷积神经网络的通道数将各通道依次进行一次与输入窗口等大小的池化操作形成全连接层。全连接层操作如图4-7所示。

4.2.2　网络舆情情感强度测度

网络舆情情感强度测度的思路为：对网络舆情文本数据进行分词并去除停用词，利用具有词汇情感值的情感词典以及具有程度值的程度副词词典找出文中的情感词、程度副词，随后判断每个情感词前是否含有

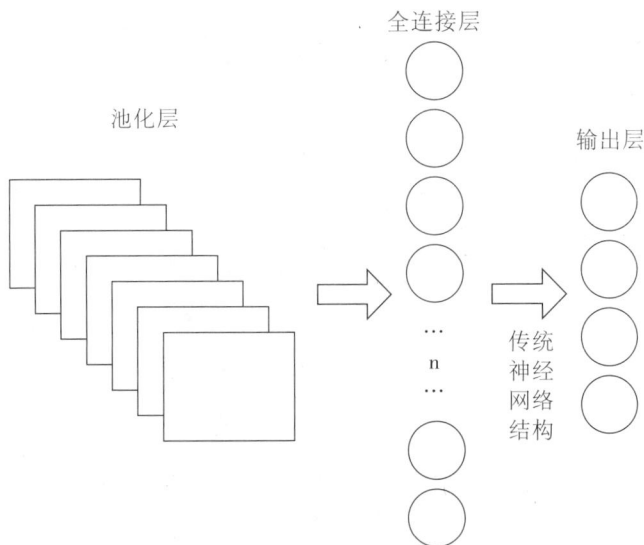

图4-7　全连接层操作

程度副词，如果有则乘以程度副词的程度值，将文本中所有词的情感值相加即为该网络舆情文本的情感强度。网络舆情情感强度测度流程代码示例如图4-8所示。

```
701    len_user_set = set(len_user)
702    len_userneg = len(len_user_set)  # 用户数量
703    index_xxl_neg = xinxiliang(cc, df_neg_time).xxl()
704    qgz_rz_neg = (tc_neg_time['博主是否认证']*(tc_neg_time['情感值'])).sum()
705    caize_neg = caizexing(cc, df_neg_time,df_neg).caize()
706    print('第%s季度---' % cc, '传播范围:', round(index_xxl_neg), '|', '传播情感:%s' % round(qgz_rz_neg), '|', '传播规模:%s' % len_neg)
707    tuanc_list = [ii,cc,round(index_xxl_neg),round(qgz_rz_neg),caize_neg,len_userneg,len_neg,bb_list]
708    time_tuanc_list.append(tuanc_list)
709    data_index_len = len(class_tuancu_neg)
710    data_index = [ii] * data_index_len
711    dataframe_neg = pd.DataFrame(data=time_tuanc_list, index=data_index,columns=['季度','情感','影响力','规模'])
712    if len(dataframe_neg) == 1:
713        tc_keyword1 = [dataframe_neg['博文集合']]
714        tc_keyword = TextRank(str(tc_keyword1[0]), 3, 0.85, 700).run()
715    else:
716        tc_keyword = dataframe_neg['博文集合'].apply(lambda x: TextRank(x, 3, 0.85, 700).run())
717    list_key = list(tc_keyword)
718    for i2 in list_key:
719        bbb_list = ' '.join(i2)
720        null_list.append(bbb_list)
721    dataframe_neg['关键词'] = null_list
722    total_neg = total_neg.append(dataframe_neg)
723    top_k1.append(K)
724    print(top_k,len(top_k))
725    print(top_k1)
726    total_neg['发布日期'] = total_neg['日期']
727    total_neg['类别'] = total_neg['类别']
```

图4-8　网络舆情情感强度测度流程代码示例

　　目前网民在网络中抒发情感以及表达观点的主要形式是通过文字形式在网络中描述自身对事件的看法，也有部分网民利用视频图片等数据类型进行情感表达，但目前针对视频与图片在情感分析上的方法准确率欠佳，因此，主流的情感分析主要是通过对网络舆情的文本内容进行情感提炼。计算网络舆情的情感强度，自然语言处理（Natural Language Processing，NLP）是人工智能的一个重要方向，是将文本形式数据转化为能够利用计算机处理的综合性理论与方法，包括文本分词、词性标注、文本向量化、实体识别等。而文本情感分析则是以自然语言处理技术为基础，结合文本挖掘技术对带有情感色彩的主观性文本进行处理的方式。在文本情感分析中通常会利用到文本分词与文本向量化这两种方法，分词是自然语言处理的第一步，也是较为重要的一步，将长文本划分为以字或词为单位的语料集，作为后续操作的数据基础，分词的质量直接影响了后续步骤的精准与否。本书利用 Python 语言作为程序语言，在分词上可以调用 Python 中应用广泛的中文分词工具 jieba 作为分词器。Jieba 分词有三种分词模式：（1）精准模式，将文本以词为单位进行切分。（2）全模式，将文本中可以组成词的词语都列出来，但存在词汇歧义的问题。（3）搜索引擎模式，给出文本中字词的最完整排列组合。考虑到本书仅需要对有用的情感词进行情感分析，因此采用精准模式进行分词。

由于文本内容中通常存在较多的诸如"的""啊"等停用词，这些字词在句中起到连接作用，但不具备情感属性，因此在分词的过程中需要引入停用词词典对不包含情感倾向的字词进行删除。停用词词典构建根据网上现有全部资源，对"哈工大停用词词库""四川大学机器学习智能实验室停用词库""百度停用词表"等主流停用词表进行整合构建，形成包括 1 951 个停用词的新停用词词典。

在计算情感强度时需要考虑到程度副词对情感的强化作用，不同的程度副词所表示的程度皆不同，如"极其"在程度表达上要大于"很"，在后文计算情感强度时需要考虑到程度对情感的加强作用，因此本书将前人构建的多个程度副词词典进行去重整合，形成较为完善的新程度副词词典，并对程度副词进行程度值赋值，根据程度的加强程度将程度值 degree 在 0.8 至 1.8 之间进行取值。

情感词典作为情感强度计算中最关键的部分，需要对每个词的情感值进行精准表示，本书在综合考虑各大主流情感词典的特点后选择较为主流的 BosonNLP 情感词典作为本书情感强度计算的基础。BosonNLP 是由玻森自然语言处理公司推出的一款已经做好情感值标注的情感词典，每个词对应唯一情感值。由于该词典是基于微博、新闻、论坛等数据来源构建的情感词典，因此用于网络舆情文本的情感强度计算具有较好的效果，共包含情感词 11 万条，包括目前网络中的常用热词。

本书情感词典、程度副词词典与停用词词典部分示例如图 4-9 所示。

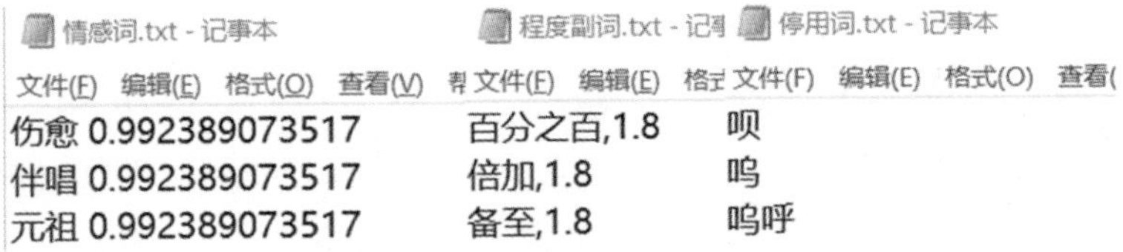

图 4-9　本书情感词典、程度副词词典与停用词词典部分示例

因此，本书每条网络舆情文本的情感强度的计算方式为：将网络舆情文本以句子为单位进行分词、去停用词并提取程度副词后形成 $Sentence_i = \{w_1, w_2, ..., w_j\}$ 的关于该条文本的情感词集合，i 为句子数量，j 为第 i 条文本中包含的情感词个数，然后根据 BosonNLP 情感词典匹配每个情感词的情感值 s_j，如果情感词前有程度副词则该词的情感值乘以程度系数形成该词的新情感值，最后将所有情感值累加得到该条网络舆情文本的情感强度。

4.2.3　网络舆情情感极性测度

关于 CNN 的运行原理本书已在相关理论部分进行阐述，因此不在此赘述。本书利用 Tython 的开源工具包 Tensorflow 库构建 CNN 框架，将训练集加入模型进行训练，本书训练集为通过网络收集到已经标注好正、负情感的中文文本语料各 5 万条，然后在搭建好的模型框架中对模型进行训练。训练过程中需要设置模型参数，参数的设定通常以经验值为初设参数，然后根据 CNN 模型训练的分类准确率及损失函数值来进行微调，本书参考文献的初设值作为 CNN 模型的初始参数，并在多次训练后根据指标变化进行调整，最终的 CNN 模型参数见表 4-1。

表4-1   CNN模型参数表

参数	释义
vocab_size = 10 000	保留频次前 10 000 的词
max_seq_num = 256	每个句子最多词数量
num_dimensions = 100	词向量维度
batch_size = 64	batch 移动的步长
Filter_sizes = ［3，4，5］	三种卷积核尺寸
num_filters = 32	卷积核数目
num_classes = 2	输出类别
Iterations = 10 000	迭代次数
Dropout = 0.5	Dropout 保留比例
Learn_rate=0.001	学习率为 0.001

卷积神经网络（CNN）情感分类的方法与CNN处理图像的方式类似，通过卷积层提取特征，然后通过池化层减少神经元数量，最后通过全连接层作为分类器输出概率，不同点在于图像是三维数据，文本是只有句子长度和词向量维度的二维数据，因此需要将语料中的文本内容转化为词向量形式。本书首先根据词频构建词与频次的字典，词频越高的词排序越靠前，并只保留词频前10 000的词以加快训练速度，随后利用Tensorflow.get_variable方法将词映射到num_dimensions维度中，即将词转换为100维度的词向量形式，此时已将中文词汇转换为模型可读的数据类型，然后利用卷积层分别以3个词、4个词、5个词的移动步长读取句子作为卷积核，已经能够完美地呈现句子的语义内涵，由于图片处理需要使卷积后的映射尺寸不变，需要利用padding对卷积神经网络输入0填充，但文本分析通常不做此处理，因此不需要对输入矩阵补0。利用交叉熵函数作为损失函数计算语料训练中的损失。

将卷积层输出的卷积核输入池化层，利用最大池化选取降低参与并提取最大特征，为了防止过拟合添加dropout参数，使每次训练提取训

练集特征时随机选取 50% 节点进行训练以增加模型泛化能力。最后将
多种卷积核提取的特征向量展开并连接在一起，最后加全连接层输出类
别。然后根据损失函数与准确率的变化情况对卷积神经网络参数进行调
整。经过调参，在确定模型参数后，情感分类损失与准确率如图 4-10
所示。

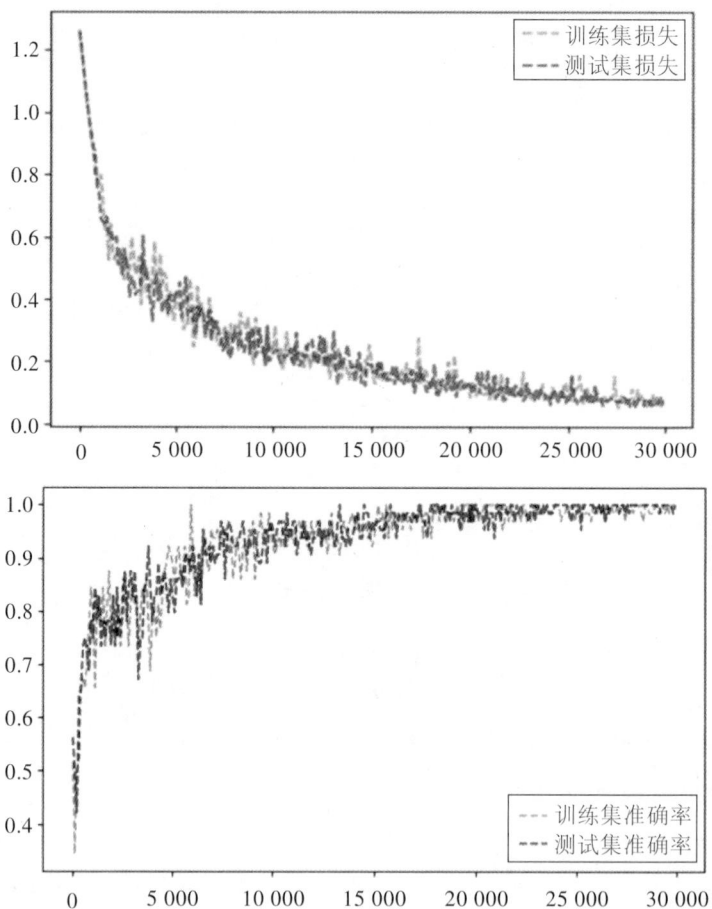

图 4-10　CNN 模型测试集与训练集损失变化

从图 4-10 可以看出，CNN 模型在使用表 4-1 参数后的损失函数在
30 000 次循环后已经收敛，且情感极性分类的准确率达到了极高的水
平。将网络舆情数据构建成语料库并输入至本书已经训练完成的 CNN
模型中便可求出每条网络舆情文本的情感极性 ep，正向情感的网络舆

情ep值为+1，负向情感的网络舆情ep值为−1。

4.2.4 网络舆情情感指数构建

通过对网络舆情的情感极性测度与情感强度测度，得到网络舆情情感的态度与表达水平，即网络舆情情感的方向与大小，但二者的单一属性无法较好地表示网络舆情对企业真正造成的影响。当某企业一段时间内发生了传播较为广泛的负面事件并造成一定社会影响时，单纯计算关于该事件的网络舆情的情感极性与企业价值的减值并不能证明负面情绪的网络舆情一定会对企业的股价、市场评价、商誉造成影响，例如当文娱企业的商业作品如影视剧、动画、海报等上市后，网民可能仅针对商业作品的内容进行评判，但可能并不会影响发行企业或制片方企业的价值水平，这就需要结合情感的强弱程度来进一步综合考虑，越强的负面情绪在网络中发酵必然会有更大的概率导致企业的直接或间接价值减少、经营风险增加、持续发展能力下降。基于此，本书将网络舆情的情感极性与情感强度综合起来，形成网络舆情情感指数，作为企业在发生社会事件时评价广大网民与投资者发表网络舆情的情感水平的指标。

通常来说，每时每刻都会有关于企业的网络舆情信息在网上发布，企业的任何动作都会引起广大投资者与网民在网络中进行讨论，单纯地考虑每日舆情对企业当日股价的影响太过片面，并且一旦企业的负面事件在网络上爆发将产生持续性的价值减值，影响期甚至会持续到当年年末。因此在衡量企业相关网络舆情情感水平时应以固定的时间段为周期进行统计，同时也考虑到上市公司的财务报告披露周期以季度划分，本书同样以季度为时间段统计企业的网络舆情文本数据，计算每个季度中关于企业的相关网络舆情情感总值作为网络舆情情感指数以验证。因此评价文娱企业网络舆情的情感指数 EI（emotion index）如公式4-1所示。

$$EI = \sum_{i=1}^{n} ed_{m_j} \times ep_{m_j} \qquad \text{（公式4-1）}$$

其中，ed_{m_j} 为文娱企业第 j 个季度的第 m 条网络舆情数据的情感强度，ep_{m_j} 为该条数据的情感极性。将文娱企业每个季度中的每条网络舆情数据的情感极性与情感强度相乘并将该季度中所有网络舆情数据的情感数值进行累加，即可得到文娱企业在该季度的网络舆情情感指数。正值代表当前企业的网络舆情情感为正面，负值代表企业的网络舆情情感为负面，数值大小则表示网络舆情情感的强弱。网络舆情情感指数 EI 反映了企业在各个季度中整体的网络舆情情感情况，结合企业在每个季度末披露的财务状况则可以分析网络舆情情感对企业价值的影响。

4.3 网络舆情规模测度

网络舆情的规模作为一种最直观的网络舆情传播水平的评价指标，探究其对企业价值的影响是本研究中必不可少的环节。网络舆情的规模即为关于企业发生的社会事件在网络中产生的网络舆情的数量和传播范围。文娱企业由于其行业特殊性，相较于其他行业上市公司更容易产生网络舆情危机。从目前微博的板块统计热度来看，娱乐类事件相较于其他类型事件讨论热度要高出许多，如影视类企业为保证旗下艺人的热度，会将艺人的热度炒高，在网络中的热搜热评通常处于热度排行榜前列，也就是其网络舆情的传播规模较大，所带来的负面影响就是一旦该艺人出现负面新闻，其传播规模也同样巨大，在负面新闻影响艺人本身的同时，也影响了其影视作品的评价、所属公司的声誉以及企业价值。大规模的传播将覆盖更多的网络舆情受众与投资者，对企业的股价、资产减值将造成更大的影响。因此，将网络舆情的规模纳入网络舆情影响企业价值的研究中是十分必要的。

对于网络舆情规模的量化，使用最多的方法还是计算每个周期内网络舆情信息的数量，这是最简单也是最直观的方法，也有使用百度搜索指数或微博热度指数等网站自设的具有一定权威性的通用指标作为网络舆情规模的评价方式。通常对网络舆情规模的量化是针对网络舆情中某个主题下所具有的数量进行量化，利用 LDA 主题模型对公共安全事件进行主题聚类，将同属一个主题的网络舆情信息进行划分，同时利用困惑度指标确定网络舆情的主题数量，主题下包含的网络舆情信息数量即为该主题在网络中的规模（韩佳伶，余天池，2021）。本书并不考虑企业每个时间段内所含有的网络舆情主题抽取，主题个数与网络舆情规模并没有直接关系。其他网络舆情规模的考量方式为对网络舆情的传播路径进行统计，以传播学作为理论基础结合各类传播模型分析网络舆情传播。有研究基于有限理性视角构建网络舆情的传播模型，在该研究中作者基于个体决策的有限理性特点构建了微观层面的网络舆情传播模型，即个体与个体之间的连接形成的社会网络，并统计每个微博用户评论下的网络结构，网络中包含的传播链数量即为该网络舆情主题的传播规模（戴建华，周斯琦，2021）。该方法主要针对有限范围内的网络舆情传播，本书以万为单位的网络舆情数据由于数据量过大，难以构建社会网络。有研究提到，网络舆情传播网络是由于用户对网络舆情观点的彼此认同所形成的，用户的身份异质性即身份特征将对其他用户产生引导效应，如社会公众人物的观点更容易吸引其他用户的跟帖回复，并发表与之类似的观点，因此在衡量网络舆情的规模时应该考虑到网民在网络中的身份标识，如会员等级、发帖数、粉丝数等（黄微，宋先智，高俊峰，2016）。但本书认为结合发表用户的身份特征并进行加权表示所得出的指数并不算是其规模的量化方式，应该算是用户本身影响力的评价指标。本书发现一种较为合理的网络舆情评价方式，有研究者在对网络舆情受众的参与行为进行拟合的过程中，将网络舆情按照社会民生、经济政治、文化娱乐等类型进行分类，并计算每类网络舆情在微博平台中的博文数量，作者考虑到对博文进行回复的行为也属于该类型中的网络舆情信息，因此将每条网络舆情信息下的回复内容进行统计并将所有网络舆情信息的回复数量累加，最终得到该类型网络舆情信息的总体规模（刘熠，2020）。该方法以独立发布的网络舆情信息作为规模的评价基数，以每条网络舆情信息各自的回复数量作为加权，前者为企业负面事件的基础规模，后者则考虑了不知情网民以及发文用户粉丝所产生的规模，该方法数据获取难度与计算程度皆较低，并且能很好地反映一个周期内网络舆情的整体规模。本书可以参考该思路，将每个企业财务信息披露周期中的网络舆情信息包括其所有回复进行统计，作为该核算周期内关于企业的网络舆情的规模。

综上所述，本书评价文娱企业网络舆情传播水平的规模指数 SI 计算如公式 4-2 所示。

$$SI_k = \sum_{i=1}^{n} npo \times comment \qquad\qquad (公式4-2)$$

其中，企业第 k 季度的网络舆情规模指数 SI_k 为该季度中网络舆情数据 npo 乘以它们所包含的评论 comment，当无评论时候 comment = 1。该指标综合了企业负面事件所产生的原生网络舆情规模，以及由于网络舆情信息的观点表达所吸引的其他用户进行回复所产生的衍生网络舆情信息的规模，基本涵盖了企业所产生的社会事件所引发的网络舆情信息，是比较全面并且易于量化的企业网络舆情规模指标。由于在网络舆情规模评价时不需要考虑网络舆情信息的具体内容，因此在以企业名称为关键词采集该企业网络舆情数据时，同时采集每条网络舆情信息所产生的回复数量即可，而不需要将回复信息一并采集。

4.4　网络舆情影响力测度

网络舆情作为网民针对社会事件在网络中的观点表达，观点的立场强度可以利用前文构建的情感指标来衡量，但观点情感的强弱并不能影响网络舆情的传播水平，刚创建的社交媒体账号即便发表极其过激的言论其影响范围也极其有限。因此就需要另外一种指标来衡量网络舆情的在特定时间段内的影响能力，负面社会事件的网络舆情影响力越高，则其爆发越快、热度水平越高。在概念理解上，通常将影响力约等于规模，认为某事件的影响力越高则影响规模越大。但在衡量网络舆情上，影响力与规模属于两个维度的评价指标，某些事件具有较高的影响力时，其规模未必与其成正比。

因此，本书构建了网络舆情影响力指数来探究企业的社会事件在网络中的影响力将对其企业价值造成怎样的影响。网络舆情信息的影响力通常难以衡量，文字、图片、视频等作为固有的信息载体并不存在体现影响力的属性，因此针对网络舆情影响力的评价通常从网络舆情热度属性、网络舆情信息的标签属性以及发表网络舆情用户的标签属性三个角度来度量。网络舆情热度属性即利用主流社交网站或搜索引擎自建的热度指数来衡量某个舆情事件的热度。以百度搜索指数为例，如图4-11

所示。

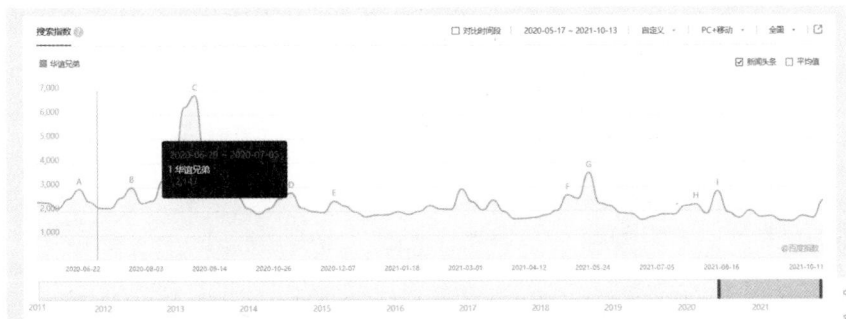

图 4-11　百度搜索指数示例

　　利用网站自带的热度指数，如百度搜索指数、微博热度指数等来评价社会事件的网络舆情影响力具有获取简单的优点。王晰巍等在构建网络舆情主题聚类图谱与网络社群间主题传播模型时，即利用百度搜索指数作为社会事件的网络舆情热度评价指标，结合网络舆情热度探究网络舆情的影响力中主题聚类图谱的特征（王晰巍、张柳、黄博等，2020）。朱镇远等在分析网络舆情影响力与网络舆情衍化水平的关系时，同样利用百度搜索指数作为衡量不同时间点上网络舆情的影响力指标（黄微、朱镇远、许烨婧，2019）。但作者认为，该方法的局限性在于各网站的热度指数仅用于评价发布在各自网站上的网络舆情影响力，如百度搜索指数并不能体现某社会事件在微博中的影响力。

　　除直接利用网站指数表示影响力的方法外，目前较为主流的影响力量化方法有通过衡量网络社区意见领袖所在观点群体影响力的方法，以及根据各时间段内网络舆情信息的标签属性进行影响力量化的方法。前者是将网络舆情信息根据传播路径划分为传播团体，并从中提取传播路径聚集度最高的用户作为该传播团体的意见领袖，以意见领袖的综合影响力作为该团体中网络舆情影响力。例如，孙羽等利用社团划分方法识别意见领袖，并利用二维分析框架模型从网络舆情扩散能力以及文本情绪支配能力两个维度度量意见领袖的综合影响力，以此作为该网络舆情社团的综合影响力，并利用相关性分析的方法验证该影响力量化方法的有效性（孙羽、裘江南，2021）。后者则是根据网络舆情信息的发布者的身份特征，包括用户的发文数、关注数、粉丝数，叠加其发表的网络舆情信息的属性，包括信息的转发、点赞、评论的数量，作为评价网络舆情信息社群的影响力指标。例如，陈健瑶等在构建网络舆情图谱时从网络舆情用户信息及文本内容两个维度出发评价网络舆情的影响力，将用户的微博数、粉丝数等属性信息结合其发文的转发数、评论数等标签信息综合评价该用户所发表的网络舆情信息的影响力（陈健瑶、夏立新、刘星月，2021）。文献的作者也利用同样的方式量化网络舆情受众的影响力，以探究不同影响力用户的网络舆情参与行为特征。

可以看出，在网络舆情影响力的量化上，网站指数法属于获取简单同时具有一定代表性的方法，但该方法的缺陷同样明显，即无法体现其他渠道的网络舆情信息的影响力。而基于社会网络分析的网络舆情影响力评价方法在影响力表示上具有较高的可行性，但本书对目前 A 股市场上多家文娱板块上市企业所获取的网络舆情数据量较大，无法利用基于社会网络分析的方法构建传播网络。因此本书选择利用网络舆情信息及用户的标签数据构建网络舆情影响力指数，该方法较为适合本书的研究思路。在数据获取上，可以同时抓取网络舆情信息本身的诸如转发、评论、点赞等标签数据以及其发表用户的粉丝、关注等属性数据，同时利用网络舆情数据本身构建的网络舆情影响力指数可以避免网站热度指数方法中的弊端。

网络舆情影响力的测度流程为，首先构建网络舆情影响力测度的指标体系，然后利用专家评价法对指标之间的重要程度进行打分从而得到指标权重，将每条网络舆情信息的属性数据与其发布者的身份数据结合权重得到每条信息的具体影响力指数，最后将各季度中网络舆情信息的影响力指数进行累加即可得到每个周期内的网络舆情影响力指数。

4.4.1 网络舆情影响力测度指标

依据文献的方法，网络舆情影响力的测度主要将每条网络舆情信息的自身属性数据与其发布者的属性数据结合得出，因此在测度指标上本书也将借鉴前人研究成果确定。综合前人研究可以看出，目前针对网络舆情量化研究的数据基本来源于微博平台，而指标的选取则结合微博平台的属性标签数据来获取，对网络舆情信息本身的影响力测度指标有：

点赞数、评论数、转发数、数据类型等，而对于信息发布者的身份属性指标主要采用：微博数、粉丝数、关注数、认证等级等。由于本书网络舆情数据同样来源于微博平台，因此在指标上可以借鉴前人研究的选取来构建本书网络舆情影响力测度指标体系。考虑到计算量与指标获取难度等因素，本书构建的网络舆情影响力测度指标见表4-2。

表4-2　　　　　　　　　　　**网络舆情影响力测度指标表**

测度层	一级指标	二级指标
网络舆情影响力（FI）	用户属性信息（E1）	网络舆情用户发文数（S1）
		网络舆情用户粉丝数（S2）
		网络舆情用户关注数（S3）
		网络舆情发布用户认证状态（S4）
	观点属性信息（E2）	网络舆情信息点赞数（S5）
		网络舆情信息评论数（S6）
		网络舆情信息转发数（S7）
		网络舆情信息数据类型（S8）

　　网络舆情影响力（FI）测度指标体系共有两个一级指标，用户属性信息（E1）与观点属性信息（E2）。其中，用户属性信息（E1）下包含四个二级指标，观点属性信息（E2）下包含四个二级指标。根据文献，网络舆情用户发文数（S1）、网络舆情用户粉丝数（S2）、网络舆情用户关注数（S3）来源于数据抓取，反映了用户的活跃程度，取值为正整数；网络舆情发布用户认证状态（S4）为系数指标，反映了用户身份的真实性，按照数据获取平台的无认证、个人认证、官方认证的三种认证取值为 [1，2，3]；网络舆情信息点赞数（S5）、网络舆情信息评论数（S6）、网络舆情信息转发数（S7）来源于数据抓取，反映了网络舆情信息的争议性，争议越大则影响力越大，取值范围为正整数；网络舆情信息数据类型（S8）作为系数指标，根据网络舆情信息的文本、图片、视频三种数据类型取值为 [1，2，3]，数据类型维度越高则将扩大网络舆情信息的影响力。

4.4.2 网络舆情影响力指标权重计算

利用层次分析法量化网络舆情影响力的关键在于对各指标权重的确定，不同指标对网络舆情影响力的重要性体现存在区别。因此对于影响力的量化首先需要确定各个指标对观点影响的权重，网络舆情影响力测度指标的权重计算分为四个步骤：

（1）标度确定与构造判断矩阵

在指标体系构建之后需要对从属上一层的每个指标进行两两比较，根据专家评价法，选取十位网络舆情领域专家将指标之间的重要程度关系根据表4-3进行标度确定，并构建判断矩阵。

表4-3　　　　　　　　　　　　判断矩阵标度释义

指标i比指标j	量化值
同等重要	1
稍微重要	3
较强重要	5
强烈重要	7
极端重要	9
判断矩阵性质	$a_{ij} = \dfrac{1}{a_{ji}}$
两相邻判断的中间值	2，4，6，8

根据标度构建网络舆情影响力测度指标的判断矩阵。网络舆情影响力判断矩阵M如公式4-3所示。

$$M = \begin{bmatrix} m_{11} & m_{12} & m_{13} \\ m_{21} & m_{22} & m_{23} \\ m_{31} & m_{32} & m_{33} \end{bmatrix} \qquad （公式4-3）$$

（2）权重计算与一致性检验

计算网络舆情影响力测度指标权重首先需要计算指标的特征向量值，同时得到最大特征根，并在下一步一致性检验过程中使用。层次单排序主要是对同层同属的指标重要性进行确定，需要根据测度指标体系构建多个判断矩阵以此计算权重，在权重计算之后需要对矩阵的一致性进行检验，一致性检验如公式4-4、公式4-5所示。

$$CI = \frac{\lambda_{max} - n}{n - 1}$$ （公式4-4）

$$CR = \frac{CI}{RI}$$ （公式4-5）

其中，λ_{max} 为判断矩阵最大特征根，n 为判断矩阵阶数，CR 为一致性指标，RI 为随机一致性检验指标，见表4-4。

表4-4 一致性检验RI取值表

判断矩阵阶数	1	2	3	4	5	6	7	8	9
RI	0	0	0.51	0.90	1.14	1.27	1.38	1.44	1.49

经过计算后CR的值要满足小于0.1，即可认为判断矩阵满足一致性检验，否则需要调整判断矩阵取值。一致性检验结果汇总见表4-5。

表4-5 一致性检验结果汇总表

	最大特征根	CI	RI	CR	一致性检验结果
用户属性信息（E1）判断矩阵	4.028	0.009	0.890	0.010	通过
观点属性信息（E2）判断矩阵	3.009	0.005	0.520	0.009	通过
网络舆情影响力（FI）判断矩阵	4.041	0.014	0.890	0.015	通过

（3）网络舆情影响力测度指标权重计算

通过计算得出网络舆情影响力测度指标体系各层级要素与指标权重，指标层中的指标对于目标的权重需要结合其所属测度层指标权重综合得出，网络舆情影响力测度指标综合权重见表4-6。

表4-6 网络舆情影响力测度指标综合权重表

测度层	一级指标	权重	二级指标	权重	合成权重
网络舆情影响力（FI）	用户属性信息（E1）	0.42801	网络舆情用户发文数（S1）	0.25904	0.11087

续表

测度层	一级指标	权重	二级指标	权重	合成权重
			网络舆情用户粉丝数（S2）	0.37171	0.15909
			网络舆情用户关注数（S3）	0.04963	0.02124
			网络舆情用户认证状态（S4）	0.31962	0.1368
	观点属性信息（E2）	0.57199	网络舆情信息点赞数（S5）	0.33275	0.19033
			网络舆情信息评论数（S6）	0.40103	0.22938
			网络舆情信息转发数（S7）	0.14240	0.08145
			网络舆情信息数据类型（S8）	0.12382	0.0708

4.4.3 网络舆情影响力测度方法

在确定指标权重后需要结合网络舆情数据对其影响力进行测度，网络舆情影响力的测度指标选取的是不同类型的数据，且数据量级也存在较大的差异，以程序变量类型界定包括数值型和字符型，因此在测度过程中需要对部分指标的数据进行区间映射/去量纲化等处理。首先需要对网络舆情影响力指标数据进行去量纲化处理，将其数值映射至［0，1］区间。结合各个指标权重，可以测算网络舆情影响力用户属性信息（E1）与观点属性信息（E2）。

网络舆情影响力的用户属性信息（E1）A_{user}如公式4-6所示。

$$A_{user} = \sum_{i=1}^{m} w_a a_i (w_g g_i + w_f f_i + w_b b_i) \qquad （公式4-6）$$

其中，m为季度中关于上市公司的网络舆情发文用户数量，

a_i、g_i、f_i、b_i 与 w_a、w_g、w_f、w_b 分别为第 i 个用户的用户属性信息（E1）指标层下网络舆情用户认证状态（S4）、网络舆情用户发文数（S1）、网络舆情用户粉丝数（S2）、网络舆情用户关注数（S3）的指标数值与指标权重。

网络舆情影响力的观点属性信息（E2）$A_{opinion}$ 如公式4-7所示。

$$A_{opinion} = \sum_{j=1}^{n} w_l l_j (w_d d_j + w_z z_j + w_p p_j) \tag{公式4-7}$$

其中，n 为季度中网络舆情信息数量，d_j、z_j、p_j、l_j 与 w_d、w_z、w_p、w_l 分别为第 j 条网络舆情信息的观点属性信息（E2）指标层下网络舆情信息点赞数（S5）、网络舆情信息评论数（S6）、网络舆情信息转发数（S7）、网络舆情信息数据类型（S8）的指标数值与指标权重。

在对网络舆情影响力的分解指标用户属性信息（E1）与观点属性信息（E2）进行测度之后，将二者加权求和即可得出网络舆情影响力，网络舆情影响力FI如公式4-8所示。

$$FI = w_{Au} A_{user} + w_{Ao} A_{opinion} \tag{公式4-8}$$

其中，w_{Au}、w_{Ao} 为用户属性信息（E1）与观点属性信息（E2）的指标权重。

网络舆情影响力描述了文娱企业网络舆情对投资者的影响作用，是以网络舆情信息与信息发布用户的各类属性进行加权计算形成的，因此影响力指标的数值是网络舆情信息以及用户影响力的综合体现，在后续网络舆情对企业价值的影响研究中，影响力将作为解释变量之一，衡量各个季度中的网络舆情对企业价值的整体影响效果。

求出网络舆情影响力指数只是表示企业各个财务季度的实际影响力，要想体现网络舆情影响力对企业价值的影响，需要从影响力变化的程度角度来考虑。因此，将企业网络舆情的当期影响力指数减去前一期的网络舆情影响力指数即可得出最终的网络舆情影响力，网络舆情影响力指数FI如公式4-9所示。

$$FI = fi_x - fi_{x-1} \tag{公式4-9}$$

其中，fi_x 为当前季度企业的网络舆情影响力，fi_{x-1} 为企业前一季度的网络舆情影响力。通过这种方式，来分析网络舆情影响力在每个季度的变化程度，可以判断影响力升高或降低对企业价值的影响。

4.5 本章小结

本章作为网络舆情的量化章节，将网络舆情分解为网络舆情情感、规模与影响力三个维度，并分别对每种变量的量化方法进行阐述，方法都取自网络舆情领域相关专家的成熟研究方法，在指标的适用性、有效性以及可行性上都经过前人检验。首先，考虑到以往研究对网络舆情情感的量化局限性较大，只选择方向或大小来表达网络舆情情感，因此本书将卷积神经网络与情感词典相结合，得出既有方向又有数值的网络舆情情感指标。其次，根据前人多数研究的方式，将每条网络舆情下的转发数进行累加得到网络舆情的规模指标。最后，利用网络舆情信息本身的影响力测度指标：点赞数、评论数、转发数、数据类型，以及网络舆情发布者的身份属性指标：微博数、粉丝数、关注数、认证状态来表示网络舆情及其发布者的影响力，并利用层次分析法结合专家评价法确定每个指标权重，最后综合得出网络舆情影响力的量化结果。通过对网络舆情分解的三种维度进行量化，可以得到分析网络舆情对企业价值影响的解释变量，下章将利用这三个解释变量探究网络舆情对文娱行业上市公司企业价值的直接影响，三种变量也将作为后续影响研究的变量指标。

第5章　研究假设

本书第3章对理论基础和模型框架进行了详细的阐述，并在第4章中研究网络舆情指数量化的相关问题。从本章开始，将在前文研究的基础上对网络舆情对企业价值的影响进行实证分析。本章主要从综合理论基础角度出发提出研究假设，从网络舆情对企业价值的直接影响，以及加入融资约束、投资者反应后的网络舆情对企业价值的影响三条路径进行假设的归纳总结，为后文的实证研究提供基础。

5.1　网络舆情对企业价值的影响

5.1.1　网络舆情情感与企业价值

从危机情景视角来看，企业发生网络舆情危机符合 Lerginger 对企业危机的定义"威胁企业利益，关系到企业的成长和存亡的突然发生的事件"（Lerbinger，1997）。而消费者、投资者等企业的利益相关者对危机的感知倾向会受到企业负面事件的情况影响而改变。因此，网络舆情情感作为网民对企业形象感知的一种体现，情感的方向体现了公众对待企业的态度，大量负面网络舆情情感意味着企业形象或品牌的崩塌。O.Lerbinger（1997）对企业危机的定义为"对企业未来的盈利能力、成长和生存产生潜在威胁的事件，该事件必须具备以下特征：对企业产生威胁，且管理者确信会阻碍实现企业目标；如企业缺乏必要行动，局势将进一步恶化且无法弥补；具有突发性。"从该角度来看网络舆情对企业来说属于标准的企业危机事件。

行为金融理论认为，证券市场的价格并不只由股票内在价值所决定，还在很大程度上受到投资者主体的心理与行为的影响，即投资者心理与行为对证券市场中的股票价值变动具有重大影响。行为金融学是以对投资者决策时的实际心理特征研究为出发点讨论投资者的投资行为的，网络舆情的情感可以视为广大公众投资者的心理活动表达，同时这种情感表达具有传染性，网络舆情情感通过影响投资者心理进而影响其投资行为。同时，投资者的投资策略制定来源于对信息不对称的抵消，即掌握企业信息的程度影响了投资者的下一步投资行为，而在互联网高度发达的今日，网络成为投资者日常获取企业经营信息以及股票信息的核心来源，目前投资者与网民这二者身份已经基本融合，投资者既具有市场参与者的身份也同时属于网络舆情受众的一员。因此，当企业的负面事件在网络中发酵并演变成网络舆情，则具有网民与股民身份的投资者在获取企业负面信息后将改变其投资策略（魏杨，2013）。同样的，消费者作为企业生态圈中的要素，其同样具有网络舆情受众与消费者的双重身份属性，消费者对企业负面事件的宽容度是由企业规模与企业之前积累的社会责任声誉决定的，如果企业规模较大，并且企业社会责任声誉较为负面，则消费者形成的网络舆情情感就更加负面化，会加剧以消费者为主体的网络舆情受众对企业的责备和负面评价（Klein 等，2004）。

此时，根据将媒体与危机管理结合的扩散理论来看，当危机爆发时，媒体因对危机进行广泛持续的报道导致企业产生形象危机、财务危机和生存危机（Bennett，1998）。早在网络刚发展之际，就有研究者发现舆论情感会影响公司的股票价值，通过收集整理1984—1999年之间

《华尔街日报》中针对企业的评论新闻数据，对传统媒体舆情中的情感方向与企业股价之间的关系进行分析发现，消极舆论对股票价格下跌有着巨大影响力，并且突发性、非常规的负面舆情将导致股票短期内成交量剧增，同时发现小市值的股票更容易受到负面舆论的影响（Tetlock等，2008）。尽管该研究专注于传统媒体，但其实质是相同的，大众舆论的情感对企业短期内股价具有巨大影响，在当前网络媒体中的网络舆情即是公众观点的映射。也有研究针对网络投资者的情绪是否能够解释股票价值的波动，将股票收益分解为基本面和非基本面两个组成部分，研究发现网络投资者情绪作为非基本面因素极大地影响了股票价值收益，网络投资者情绪解释了股票收益的非基本成分的水平、方差和协方差（Frijns B等，2011）。邓艳对基于网络舆情的投资者情绪影响股票价值进行了研究，通过利用文本挖掘与情感分析技术对网络舆情信息进行情感量化，然后从综合股价指数出发，对网络舆情情感与股票价格的相关性进行分析，研究发现网络舆情情感对股票价格具有一定的预测能力，正面的网络舆情情感将带动股票价格上涨，并形成"羊群效应"进一步吸引投资者（邓艳，2016）。同时，企业的网络声誉也是企业的重要资源，曾经出现过负面报道的企业在媒体中的声誉较为低下，当企业再次曝出负面信息时，媒体报道及网络舆情的情感会呈现出更加负面的趋势，对企业的形象宣传、产品推广、品牌营销造成更严重的影响（欧阳哲，2016）。

以上研究很好地解释了行为金融理论中的"投资者心理与行为对证券市场中的股票价值变动具有重大影响"。同时，因为产品的娱乐性、明星人物的高薪属性，文娱行业属于消费者包容度较低的行业，当文娱企业发生负面事件时网络舆情的情绪负面化更加明显。综上所述，本章提出以下假设：

假设1-1：网络舆情情感对企业价值具有显著影响。

5.1.2　网络舆情规模与企业价值

网络舆情情感从心理角度影响投资者行为，那么网络舆情规模就是从传播角度增加投资者的信息获取，并进而影响投资行为。企业的负面网络舆情基本都是企业并不希望向外界透露的机密信息通过各种渠道被泄露后在网络中形成的，网络舆情主要由各类中小投资者通过在网络中发声而形成。从信号传递理论与信息不对称理论的角度看，企业与中小投资者之间存在着明显的信息不对称（Zhi D 等，2011）。同时，传统金融学认为中小投资者不会对企业股价产生明显影响，因为中小投资者与资本市场大型机构投资者之间也存在着严重的信息不对称，专业机构具有绝对的信息优势；中小投资者拥有资金少，信息获取成本高，早期股市中中小投资者意见无法汇集，信号无法向市场传递（Tripathy，2011）。然而，网络时代蓬勃发展的内容生产环境为中小投资者提供了发挥创造性与主动性的绝佳场所，各路资本信息得以在广大投资者群体中有效传播，信号由企业与机构掌控的信息场通过网络向下传递至整个市场，在极大程度上消除了企业机构与投资者的信息对立局面（申琦等，2012）。从这方面来看，网络舆情的规模越大越能代表信息信号传递的充分性，也代表了信息对立局面的缓解程度，当市场中的信息接近于完全公开的情况下，就比较符合传统的信息对称市场，由广大投资者形成的网络舆情也就能够影响企业的方方面面。

最早从网络舆情规模角度研究其对企业价值影响的研究始于1998年，有研究者在最早的门户网站雅虎网中收集了关于 3 000 家企业的 94 万余条评论，然后对企业的网络舆情评论数量与企业的股票价格进行相关性分析。研究结果发现 t-1 日的股票评论数量与 t 日的企业股票价值和成交量具有较强的相关性（Wysocki，1998）。有学者研究中小投资者在股票相关论坛中的网络舆情是否会对企业股价的收益率造成影响，通过采集当时最大的股票类论坛"东方财富网股吧"在 2012 年 10 月至 2013 年 9 月间的 580 万条评论，并利用自然语言处理技术提取网络舆情中的主题，在此基础上将评论分为看多与看空两种情绪，通过研究包含这两种情绪的网络舆情信息的数量与股票价格成交量的关系发现：看多评论数量与股票收益率呈正相关，并且看多数量越多则 t 日的股票收益率越高。同时作者将企业股票评论的看空与看多数量用比值形成意见趋同指数，研究结果表明趋同指数越小，即多空评论数量比值越小则分歧越大，对 t 日的股票成交量有显著的正向影响（金雪军等，2013）。企业危机事件可起到市场信号传递的作用，规模越大则信号传递作用越强，譬如，有学者验证了产品召回事件前后上市企业股票异常收益的变化，并发现产品召回事件的负面信息传递越广则向投资者传递公司成本增加和现金流恶化的负面信号越强，投资者依据企业的负面信号做出负面的行为决策（如卖出企业股票），从而引发企业价值损失（Davidson等，1990）。

根据认知行为理论，个人的行为受到其对事物的认知解读程度的影响，认知的深浅决定了个体的具体行为。而在网络舆情中所传达的各类观点会对投资者的认知产生巨大改变并进而影响其投资行为，当网络舆情规模的扩大增加了投资者接收关于上市公司信息的渠道，对于投资者来说，其对企业认知的改变也随着网络舆情的规模效应而增大。新闻媒体的报道作为网络舆情形式的一种，其对企业价值也存在巨大的引导效应，如果说由企业投资者个人情绪的表达产生的网络舆情是作为企业价值投资的一种重要参考，那么新闻媒体对企业的公开报道则是另一种极具可信性的信息来源，它通过对市场的情绪进行引导以达到影响投资者心理与行为的目的，进而实现对企业资产价值的影响。目前新闻媒体的传播方式不同于传统的单向传播模式，媒体机构通过在各个具有影响力的平台中注册账号并发布新闻的方式来增加新闻信息的曝光度，并通过平台用户的传播渠道实现"病毒式传播"。并且由于公众对主流新闻媒体的认可度较高，具有较高新闻媒体关注度的企业负面舆情在网络中传播对企业价值的减值影响更为巨大（饶育蕾等，2010）。根据羊群效应理论，个人的观点或行为受群体的影响与压力，向与多数人相一致的方向变化，网络舆情规模扩大的潜在问题是，网民个体的态度受羊群效应影响，会向网络舆情整体情绪趋同的方向改变，当企业负面舆情愈发扩大则越不利于企业在二级市场的消息面，网民或投资者群体的观点将向某个极性趋同，并进而影响企业的成交量、成交额等基本面，导致企业在短期内其资产、商誉、市场评价等代表企业价值的属性快速变化（张琬林，2020）。综上所述，本章提出以下假设：

假设1-2：网络舆情规模对企业价值具有显著影响。

5.1.3 网络舆情影响力与企业价值

影响力即一种改变他人思想或行动的能力，影响力也代表了一种他人乐于接受的水平，人们普遍对具有高影响力的人或事物具有更高的接受程度。企业的网络舆情影响力可以视为其在时间维度上的传播热度，通常认为网络舆情的生命周期具有形成期、发展期、成熟期、消散期四个阶段，代表了投资者对企业的网络舆情关注程度，较高的关注度会使投资者改变投资配置或适时调整仓位，以获取更高的股票收益或减少损失。一方面，上市企业自发披露的如财报、决议公告、重大事项通报等经营信息对短期内股票价值、融资环境等都将造成巨大影响（李成刚等，2021）；另一方面，企业预期之外的突发事件在网络上发酵形成网络舆情，随着事件的影响力或热度的上升导致投资者关注度明显升高，反映在二级市场中，突发的利好或利空事件导致投资者将根据事件的影响力来采取共性的投资操作，在极端情况下甚至会发生集中开仓持股或踩踏式平仓的情况致使股票价格涨跌停。此外，市值较小的小盘股由于股票流通性、易炒作性、高质押等因素更容易受网络舆情影响力的扩大而造成影响，异常回报率通常与其网络舆情影响力呈正相关，但同时影响的产生也由于小盘股初期关注度较小而存在一定的滞后性（Sabherwal S）。企业信息在网络中被检索的次数也是衡量一个企业是否受到关注的重要评判指标。从目前网站与个人账号的盈利模式来看，广告费用是其最重要的收入来源，而网站获得较多的点击则能通过广告收获不菲的收益，因此网站与个人运营公众号会以目前网络上较为热点的事件为题材进行信息发布，当企业的舆情事件具有较高的搜索强度则极易成为各类网站、微博、公众号等新媒体争相报道的题材，进一步扩大了企业网络舆情的传播范围，其股票代码、公司信息、股东情况、财务状况等信息会随着网络舆情发酵而快速传播，引起投资者的跟风式投资或抛盘。相较于市值较高的企业，小盘股更易受到关注度、搜索强度的影响，一旦其搜索热度在短期内快速升高则对其股价将产生更大的影响，进而导致企业相关信息的传播随着被检索次数的增加而增长。

有一种较为常见的网络舆情对企业价值造成影响的情况是，企业自身披露的财务状况信息导致了网络舆情事件的产生，包括业绩大涨或爆雷情况。通常对于企业各类信息较为关注的主要是持有企业股票或债券的投资者群体，当企业披露季报或年报时经常发生与业绩预报严重不符的情况，同时也因为财务信息披露质量问题导致财务指标不能真实反映企业状况而遭到投资者质疑。当此类情况发生时极易形成网络舆情并迅速形成网络热点事件，随着网络舆情范围的扩大影响了具有摇摆心理的投资者，形成大规模抛盘或抢筹现象，进而导致企业价值的剧烈波动。典型案例如天利科技（300399）披露 2020 年三季度业绩显示，公司有 98 份赔偿款导致提前计提负债 3 114 万元，该信息在网络中发酵导致该企业股票连续 12 个跌停板。

综上所述，企业负面网络舆情的影响力等同于对企业价值的破坏力，影响力越大的企业负面网络舆情将使企业损失越多资本价值，甚至当舆情影响传递至整个市场后引发监管层介入，造成整个行业的经营环境改变。由于 2018 年娱乐圈负面事件频发，引发广电总局、国家税务总局对文娱行业企业加强监管，导致文娱行业网络舆情形势愈发恶劣，因此从 2018 年之后，网络舆情对文娱企业的企业价值的影响更加明显。基于此，本章提出以下假设：

假设 1-3：网络舆情影响力对企业价值具有显著影响。

5.2　融资约束在网络舆情影响企业价值中的中介作用

5.2.1　网络舆情与融资约束

资金作为企业的"血液"，是企业生存与发展中要素之一。企业或多或少都会存在融资约束的问题，融资约束一直是制约企业发展的最大问题，企业的新业务开发、产业升级、改善业绩都会增加银行、投资机构的青睐，从而降低企业融资约束。内外部信息不对称是导致企业产生融资约束的主要原因（FAZZARI，1988）。在企业与市场信息不对称的情境下，外部投资者出于监督成本与风险补偿的考虑，会要求更高的回报，导致企业外部成本增高，从而形成融资约束。同时，企业会由于各类内因与外因导致企业从投资者与债权人方面筹集资金的难度产生变化。资本市场从来不缺乏机会主义者，外部风险投资者对高额回报率有着疯狂的追求，因此对企业的风险及经营情况格外关注（宋婕等，2019）。

商业信用融资作为目前较为主流的融资途径，已经成为助力企业发展的重要资金来源之一。而网络舆情对企业融资约束的影响可以需要从两个方面来考量，一方面，网络舆情使企业商业信息有效传播能够缓解企业与外部投资者间的信息不对称局面，改善资本市场信息环境，进而改变外部投资者的决策行为，优化市场资源配置（DYCK，2003）。有研究表明，文化传播娱乐类企业因为不需要过多固定资产所以融资约束要小于生产类企业，但其融资约束更容易受到社会评价与舆论导向的影响（邓翔等，2014）。信息披露是有利于企业缓解融资约束的，能够吸引更多投资者来参与企业投资，同时，当有机构投资者参与时会进一步降低信息不对称从而增加企业的融资机会（张纯等，2007）。网络作为资本市场以及企业信息传播的重要媒介，网络舆情的关注度可以通过降低企业与信贷方信息不对称来缓解企业融资约束，也可以通过网络媒体报道向公众传播正面形象来提升融资机会。另一方面，企业负面舆情又极易引起企业的商业信用崩塌，合作方、银行等债权方会以企业的道德风险作为逆向选择交易中的最优先考虑因素，企业信用崩塌极易导致交易失败以及投资人撤资，这也从另一方面提高了企业的融资难度（Allen，2005）。当前网络舆情对企业的监督作用与网络媒体对其的揭露功能增加了企业负面信息与财务舞弊被发现的可能性，可能引起外部的行政介入与社会舆论爆发，使企业的信用融资渠道关闭，增加企业的融资约束（李培功等，2010）。

产权经济学认为，交易方式内生于制度背景约束，是交易成本最小化的结果。在企业与投资方的交易过程中，投资者可以通过网络舆情渠道来降低交易成本以及交易所处的制度环境约束。同时，经典财务理论认为，在完美资本市场中企业的外部资金和内部资金可以完全替代，但由于现实世界中并不存在真正意义上的完美资本市场，信息不对称的问题会使外部融资的成本高于内部融资。网络舆情作为资本市场信息传递的关键媒介，有效缓解了投资者与融资者之间信息不对称的局面，对企业的经营起到了极好的监督作用。目前的商业环境下，上市公司很难实现通过会计手段修饰财务报表从而骗取资金的目的。同时，股市投资者除了关注企业的经营、业务情况，对企业的负面信息也同样关注。理论上说，企业存在负面事件也是信息不对称导致的，当企业故意隐瞒的负面事件由网络舆情进行传播则形成其负面网络舆情，进而影响其通过股票市场筹集资金的能力，企业的股权资本成本提高，其融资约束就会大幅提高。网络舆情规模、影响力也是制约企业融资能力的重要因素之一。其中，相较于个人类媒体，意见领袖、媒体类网络舆情对企业融资约束起到关键作用，拥有较高影响力的媒体或意见领袖发表的负面网络舆情会提高企业的债务成本，加大企业举债筹资所付出的代价，各类来源不明的网络舆情信息也会加剧融资约束。同时，企业正面宣传越多则企业的融资成本越低，并存在显著的正相关关系。网络舆情情感的强弱会显著影响企业在股票市场的收益，当企业首次发行或后续增发股票时，积极的网络舆情情感将使新发或增发股票在短期内为企业提供超额收益，网络舆情的情绪高涨同时影响其股票的发行价格，网民关注度与情感越高则发行价格也越高。

综上所述，网络舆情通过影响企业的商业信用融资环境，消除与外部投资者之间的信息不对称来调节企业的融资约束，融资约束的缓解或加重取决于网络舆情的情感方向、规模等。因此基于上述思考，本章提出以下假设：

假设 2-1：网络舆情情感对融资约束具有显著影响。

假设 2-2：网络舆情规模对融资约束具有显著影响。

假设 2-3：网络舆情影响力对融资约束具有显著影响。

5.2.2　融资约束与企业价值

融资约束、融资方式、融资决策都会在一定程度上对企业价值产生影响，融资的差异性所带来的价值效应体现在企业经营的多个方面。现代企业想要发展就要依靠内源融资与大量外源融资，融资约束越强则会导致企业外部融资越困难、发展速度减缓从而影响企业价值的增长

（Ayyagari，2010）。较好的融资水平能够显著提高企业的经营、规模、盈利能力，二者呈现明显的正相关，并且由于中小企业的绝大部分资金来源于内部融资，外部资金一旦介入对中小企业的企业价值增长具有明显的效果（Al-Najjar，2017）。银行贷款作为企业极为重要的融资方式，获取银行贷款约束越小的企业发展越快，其企业价值未来增长性越高，并且与银行本身具有政治关联性越高的国有企业在获取银行贷款时的约束越小，该类企业可以通过关联银行的贷款分配来更容易地获取资金。此外，不同的融资方式对企业价值增长效能有明显的差异。由于内部融资容易造成当期利润和盈利指标的下降，因此我国上市公司更偏好外部融资，在外部融资中负债融资所占比例最高，其次是股权融资。内部融资与债务融资相较于股权融资能更大程度地提升企业的研发能力，从而增加企业的资本价值（王燕妮等，2018）。负债融资受市场竞争的制约，在短期内较高的负债融资会抑制企业价值的增长速度，同时负债融资和银行贷款水平对短期企业价值增长的抑制效果更为明显。但从长期来看，当企业的市场份额增加后，负债融资的财务杠杆效应显现对企业价值的增长又起到了扩大作用。有研究表明，随着近几年国家对文娱建设投入的加大，从中央到地方都加大了对文娱上市企业的资金补贴力度，政府补助作为一种无成本融资，能够有效降低由于文娱产业缺乏抵押物而带来的融资约束，是极其有利于文娱企业的企业价值提升的（戴飞燕等，2022）。

再融资是促进企业发展的重要手段，通过再融资可以使企业获得充足的资金来发展其经营规模与公司业绩，再融资手段越多、融资约束越小则企业的盈利能力就越强。我国上市公司青睐股权再融资，可以通过配股，公开增发和定向增发多种方式来获取资金，其中，以非定向增发方式进行股权再融资的公司的企业价值增长要高于通过定向与配股方式融资的企业。企业应当选择适合自身的融资方式来减少融资约束，而并非通过选择监管政策最宽松的融资方式来进行融资（毕金玲等，2013）。企业高管人员的异质性会对企业的融资约束产生影响，并进而导致企业价值的变化，管理层的过度自信、教育水平、管理经验等都会影响融资的价值效应，综合管理能力越优秀的管理者越能通过同样的融资使企业产生更多的价值或者获得更多的融资资金，而融资资金的充盈能够缓解企业代理问题进而提升企业价值（Fairchild，2009）。同样的，董事会的理财决策、治理机制也会影响企业的融资能力，并进而导致公司价值的变化。董事会的优秀融资决策与分配决策能够显著影响企业融资获取的难易程度，二者呈现显著的正相关，并且优秀的融资决策对于上市企业在境内融资的约束要远小于境外融资的难度，融资约束的减小也是企业价值增加的必然因素（王化成等，2008）。融资约束在减少企业外部资金获取的同时，也会对企业投资决策起到一定的提醒作用，企业管理层会根据现有现金流来更加谨慎地进行投资，从而提高了企业的投资效率与资金使用率，在一定程度上可能提高企业价值（Badia等，2009）。根据信号传递理论，外部投资者会根据企业披露的财务信息来分析企业运营情况并进而决定是否投资，但毫无疑问企业拥有信息披露的控制权，为了维护企业形象并获取尽可能多的外部投资，企业会选择性地披露有利于企业的财务报表信息，这就导致了外部投资者并不一定真正了解企业的真实情况，从而提高了其所要求的风险溢价，企业的融资难度和负担也就同样增加，并导致企业的融资约束扩大，甚至投资者在没有充分了解真实信息的情况下会选择不投资，进一步加剧了企业的融资约束，也就导致了企业价值的下降（俞俊宇，2021）。

综上所述，融资约束是企业发展面临的重要障碍，投资来源的难易程度与资金的充沛与否直接决定了企业的发展能力，融资约束也极易导致企业陷入财务困境，在后续投资与经营都采取更加激进的模式，增加了企业亏损的风险。因此，基于上述思考，本章提出以下假设：

假设2-4：融资约束对企业价值具有显著影响，融资约束越弱则企业价值越高，融资约束越强则企业价值越低。

5.2.3　融资约束的中介作用

媒介情境理论认为媒介环境的变化必然导致社会环境的变化，而社会环境的变化又必然导致人类行为的变化。网络环境作为目前规模最大同时也是应用最为广泛的媒体渠道，网络社会中的情绪对现实社会的传导作用越来越明显，当社会事件在网络中被放大后最终都会反映到现实世界并影响社会环境的改变。对于企业来说，一方面网络的宣传可以加强企业的品牌价值，营造优秀的产品品牌形象，网络渠道目前已经是多数企业最为重要的营销渠道，能够为企业带来大量的营收与价值。另一方面，作为企业外部治理的重要部分，针对企业网络舆情的治理效果也同样影响着企业的生存，网络舆情在揭露企业欺诈和财务舞弊现象中发挥着重要的作用，同时对于企业负面新闻的揭露也有利于中小投资者的资产分配。从企业社会责任的角度来看，企业对消费者、员工、环境、产品等方面的负责都属于企业的社会责任，从历史上极为出名的企业网络舆情事件都可以看出，在企业经营者为了追求利益最大化的时候，都会做出损害利益相关者的行径（Mishra，2015）。例如，三鹿毒奶粉、肯德基过期食品、瑞幸咖啡财务造假等，这一系列事件都表明企业在损害利益相关者的时候都没有履行其社会责任。当企业不履行社会责任时，其收到的社会资源投入就会减少，企业的融资约束也就开始产生并扩大（张瑶，2021）。而网络舆情就承载了曝光负面事件、传播负面新闻的重要监督责任。在过去传统媒体时代，诚然企业不履行社会责任，但由于缺少有效的传播渠道而并不为人所熟知。当今的网络渠道为企业的负面事件消息传播提供了完美的渠道，所形成的网络舆情会携带着民意去影响政府、银行、投资者等投资方，投资方在充分衡量投资风险后会遵从理智投资的意愿而减少对不良企业的投资，因此从这点来看，网络舆情会显著地影响企业的融资方式与水平。

可以看出，网络舆情传播的情况决定了企业与投资者间的信息不对称程度，进而决定了企业的融资约束，当企业的融资约束越大，则企业价值的增长就越会受到影响，在这个传导链上融资约束起到了中介效应。当公司的内外部信息不对称时，外部资金提供者会要求更高的风险溢价，使得企业在进行外部融资时候的成本高于内部融资，从而产生了融资约束（Myers S C 等，1984）。但同时提高信息披露水平是降低信息不对称缓解融资约束的主要方法之一，信息披露水平能显著缓解企业与投资者之间的信息不对称水平，降低企业融资成本（曾颖等，2006），缓解融资约束（张纯等，2007）。企业自发披露是一个方面，另一方面，适当的网络关注与传播能够加强企业信息的披露水平，同时网络中各类投资人士以及网民的分析与解读也能消除信息不对称水平（姜付秀等，2016），网络舆情通过降低企业与信贷供给方的信息不对称，在缓解事先逆向选择与事后道德风险两方面问题中发挥作用，从而缓解企业的融资约束（宋婕等，2019）。同时，网络媒体对公司来说具有公司治理与信息传播的双重作用，在正式法律之外网络扮演了重要的治理角色，企业网络舆情也会对公司经理人或董事层面的高管产生约束，从而迫使公司管理者控制自身的个人行为与公司决策行为。首先网络舆情会引发社会对管理者个人的关注（李培功等，2010），其次则会影响管理层人员的社会声誉（肖来付，2013），最后网络舆情也会降低由于企业管理层道德风险带来的企业风险（狄程，2015）。可以看出，网络舆情在对企业经理人或高管的个人行为抑制上具有明显的效果，网络舆情对企业或企业管理者的整体看法与评价至关重要。对管理者而言，在网络中获取较高的声誉则有利于减少企业在商业信用融资中的困难，因此管理者会更加注意其自身行为及融资决策对企业带来的负面影响。

因此，根据前文描述，网络舆情通过降低企业的声誉来增加企业的融资约束，也通过加强企业的信息披露来减少其融资约束，而融资约束的变化也是企业价值变化的原因之一；同时，网络舆情对企业管理者的影响也会对企业的融资决策造成改变，并传导至企业经营上进而影响企业价值。综上所述，融资约束对网络舆情影响企业价值的中介效应十分明显，良好的网络舆情环境能减缓企业融资约束并使企业价值增加，反之亦然，因此，本章提出以下假设：

假设 2-5：融资约束在网络舆情影响企业价值中具有中介作用。

5.3 投资者反应在网络舆情影响企业价值中的中介作用

5.3.1 网络舆情与投资者反应

我国股票市场中个人投资者数量占比超过 99%，这在全球股票市场上都是极为罕见的，罗伯特·希勒在《非理性繁荣》一书中以投资者群体视角来探究其群体行为对市场运行造成的影响，书中坚持一个基本观点，认为投资者作为一个群体，在股票市场中部分群体对于行情的判断是存在理性的，即能够根据企业的基本情况正确判断市场预期，但当这种理性通过市场的传播扩散到整个市场则会导致更多的非理性行为（Fa Rmer R 等，2009）。这一观点非常好地描述了当前网络时代中的中小散户的非理性行为受到市场头部投资者的理性行为影响的情况，当前社会化媒体背景下网络成为了中小投资者传播信息、宣泄情绪的主要渠道，在网络中中小投资者的情绪非常容易直接或间接地受到最初具有理性思维的投资者的投资意愿影响，并通过网络舆情自带的传染效应扩散至整个资本市场（夏波，2015）。

早在网络诞生之前，市场舆论就对股票市场投资者情绪具有较大的影响。在早期纸质媒体时代，如《华尔街日报》等金融媒体在报纸上会刊登投资专家对市场解读的专栏，通过对比从1984年开始的15年数据可以发现，当专栏中内容负面或正面情绪较多时，则同期相应的股票的成交额、成交量、换手率等能够表示投资者情绪的指标都有显著变化，专家预测市场下行则同期股票价格也存在下行压力，并存在一定滞后性，这是传统媒体传播效率较低所导致的。同时，舆论对投资者情绪的影响在小盘股中会进一步放大。这些研究都印证了舆论会显著影响资本市场中投资者的整体情绪，进而导致相应企业股票价值的变化。世界发展连通的加速导致金融市场与投资者之间的联系越来越深，投资者情绪间存在的相互影响作用也愈发强烈，而网络极大地加快并加深了这种情绪传染的程度。企业的网络舆情在大多数情况下是由企业的非常规突发事件或预期之外的"黑天鹅"事件的爆发而引起的，这种负面事件会导致投资者情绪的下降并通过网络渠道传递至整个网络或金融市场。在网络时代，这种资本市场情绪与网络舆情情绪的完美融合导致投资者情绪这一属性在互联网时代具有了传染性质（孙有发等，2010），单个投资者情绪容易受到整个资本市场情绪的影响并进而影响更多的个体投资者，并且投资者情绪的传染效果一方面取决于情绪随网络舆情传播的速度与程度，另一方面取决于其他投资者的情绪影响力、投资者自身的情绪修复能力等（姜飞戎等，2021）。网络舆情传播的初期阶段，中小投资者的个体投资情绪对企业股价影响极为有限，但当中小投资者的个体情绪在以各类金融论坛为代表的网络社交平台中融合形成群体性情绪，在持续传播后形成的大规模投资者群体悲观情绪对大股东持股比例较高的企业影响更大，网络舆情的趋同性特点显著推动了整个市场中投资者情绪的一致性（陈继萍等，2021）。同时，随着网络舆情规模的扩大，中小投资者群体情绪极化速度会加快，并且会比机构投资者对企业的影响更大（KELLY P J 等，2010）。目前互联网正向着融媒体形式改变，网络舆情信息的传递趋向于复杂化与融合化，舆情信息的传播与感知的扩散的不确定性正在增强，舆情的模糊性演化增加了投资者对于企业网络舆情中的风险感知难度，投资者会倾向于寻找更多相关因素印证网络舆情的风险，因此投资者通常会将目光瞄向同行业的其他金融市场，但在此过程中网络舆情也容易将投资者的情绪带向其他市场，因此企业的网络舆情在传播过程中容易出现跨市场影响，对不同金融市场中的投资者情绪造成影响（田婧倩等，2021）。此外，目前主流媒体、自媒体等形式的新闻媒体都通过网络渠道来扩展其新闻内容的传播范围，在此过程中新闻本身就变成了网络舆情的一部分，而新闻内容所具有的价值属性就成为了引导投资者情绪的重要因素，当网络舆情的规模越大时，庞大的网络舆情信息中包含的新闻内容也越多，新闻报道程度与投资者情绪具有高度的一致性（Tetlock，2010）。关于企业的新闻内容中利多因素多则企业股票成交量、换手率较高，股价上涨动力强劲，反之亦然。同时，网络新闻的报道量与投资者情绪变化也呈现高度正相关（刘婵媛，2021）。在投资者乐观情绪盛行时，股价通常都处于上升渠道，交易情绪十分火热，而在股价处于下跌过程中由于做空限制导致投资者参与较少，而悲观情绪并不能很好地在盘面中体现，因此股票的换手率要低于股价处于上升通道的时候（Baker 等，2004）。

综上所述，网络舆情是推动投资者情绪变化的重要因素，并且网络舆情传播的程度对投资者情绪的激发作用十分显著，基于此，本章提出以下假设：

假设3-1：网络舆情情感对投资者反应具有显著影响。

假设3-2：网络舆情规模对投资者反应具有显著影响。

假设 3-3：网络舆情影响力对投资者反应具有显著影响。

5.3.2 投资者反应与企业价值

情绪是由思想、感觉与行为共同产生的一种心理状态，而投资者情绪反映的则是投资者对未来市场预期的偏差程度，是投资者的情绪、心理、行为等多种要素的群体反映，是投资者对投资收益悲观或乐观的态度（Almansour，2015）。传统金融学认为股票价格反映了企业的真实价值，但实际上市场并不是完全有效的，投资者也非完全理性的，投资者情绪会显著影响企业股票价值的变化，也就是企业价值在一定程度上取决于投资者的市场情绪。目前衡量投资者情绪都是通过对投资者在一定时间内的投资行为或态度来评价，如直接会以调查问卷的方式统计看多看空人数，间接会利用换手率、IPO 数量等来度量。也有利用网络舆情的情绪直接代替投资者情绪，当网络舆情处于高涨期时，网络舆情的情绪对股票投资收益具有较高的预测能力，表明投资者情绪的高涨会使企业股票在短期内快速增长（黄雨婷等，2021）。投资者情绪也会通过影响企业管理层的决策判断来影响企业价值，投资者情绪的高涨会使企业增加商业投资行为，并借助市场情绪的看多趋势来增加企业价值的增值，反之则会减少企业的投资行为，管理者会偏保守，因此企业价值的增势会放缓甚至减少（黄氏水，2019）。投资者情绪对行业趋同度较高的企业有着明显的影响作用，表现为当投资者情绪趋于一致的时候同行业的各家企业股价同涨同跌。文娱行业由于资本集中度较高导致文娱企业具有较强的相关性，行业中的大资本掌握了文娱行业内较多的资源，并且股权关系较为复杂，因此文娱行业呈现高度的趋同性，当部分艺人或公司出现负面舆情后会导致投资者对于整个行业的情绪发生同向变化，市场分歧缩小，进而导致整个行业的企业价值与股票收益率同升同降（周亮等，2021）。作为传统金融学的有效补充，行为金融学很好地解释了投资者的情绪化、非理性行为、过度期望等因素驱动下的投资者情绪是怎样导致企业价值的变化的。投资者情绪由投资者形成，但同时也对投资者产生反馈，投资者会过度依赖判断其他投资者情绪来进行投资，从而造成投资行为偏差（陈娟娟，2018）。这反映了投资者情绪具有从众效应，也就是羊群效应，金融与资本市场中中小投资者受限于文化、知识水平等因素的影响，更倾向于根据市场情绪来判断企业的潜在价值，当市场中投资者情绪高涨时会造成较严重的从众效应，从而推高企业的股价导致企业价值的严重偏离，因此，经常会出现以投资者情绪高涨开始的疯狂开仓模式为开端，以疯狂的卖出模式为结束的"阶段性牛市"（Ombai P O，2010）。同时，过度依赖投资者情绪也会反过来导致投资者们的过度自信，过度自信与投资者情绪是相互影响的，并形成循环，多数投资者根据市场中绝大多数投资者的情绪来规划自己的交易策略，并且当其回报率高于市场平均回报率的时候又会继续抬高市场中投资者情绪的峰度，从而导致了过多的非理性行为，增加了市场的交易量，并进而导致市场中企业股价的异常变化，在高涨期形成泡沫市场，在情绪低谷时导致熊市蔓延（Wei Z H，2017）。由此来看，投资者情绪也属于市场噪声的一种，它会给企业的经营带来更多不确定性，从而影响企业与其管理人的学习效应与经验效应的发挥。正常来说能够为企业带来真实价值增长的重要渠道是合理投资，而投资者情绪会弱化企业投资与价值之间的关系，并造成企业对投资-估值敏感性的减弱，从而可能导致企业在长期内价值偏离（黄波等，2021）。

由此看来，投资者情绪是影响企业价值变化的重要因素，而且文娱行业高度依赖网络营销渠道，受网络舆情影响并进而带动投资者情绪变化的影响程度将更大。综上所述，本章提出以下假设：

假设3-4：投资者反应对企业价值具有显著影响，投资者反应越低则企业价值越低，投资者反应越高则企业价值越高。

5.3.3 投资者反应的中介作用

早期研究中假设网络舆情都是真实反映市场的，并且投资者都是理性的，网络舆情起到了信息传递的媒介作用，理性投资者的逐利性与风险厌恶导致网络舆情的情绪决定了市场投资者的整体情绪，在进行投资组合时便能够基于获取的信息来改变期望效用并调整投资决策，即完全基于投资产品价值的判断投资（黄俊等，2014）。这是在投资者是完全理性人的前提下成立的，但实际上网络舆情的复杂性以及时效性对投资者情绪的影响是从多个方面体现的。例如网络舆情的负面评价中负面词语的总数量对投资者情绪的影响呈现正相关，但与企业股价变化情况相关性则不强，这是由于负面词语所包含的负面语气并不相同，极端负面词语较多会更大程度上影响投资者情绪，并进而造成股价下跌（Johnson J L 等，2005）。但同时，考虑到网络舆情会受到资本市场逻辑与市场利益的驱动，网络媒介的商业价值正取代其信息传递作用（Gentzkow 等，2006），网络舆情中会充斥着别有用心者的误导信息，也包括大量繁杂、无用、虚假的信息，这类信息对投资者情绪的扰乱会导致其投资行为偏离其本身意愿，从而帮助推高或降低企业的股票价值，这种多空误判极易导致企业的资产误定，使企业价值逐渐偏离其真实价值。因此当网络舆情传递的情绪导向性越强则企业股价就越可能偏离其基本价值水平，这种效应作用在信息透明度越低的企业时，网络舆情引起的投资者情绪紊乱效应就越强，同时价值误判就越明显（游家兴等，2012）。这也解释了为什么目前股市中"妖股"的出现越来越频繁，资本利用网络舆情的高速传播性来炒作个股或概念，通过炒热资本市场投资者反应来提升上市公司或概念板块的价值，最终形成价值泡沫。而多数投资者追求短期利益最大化，在市场形成羊群效应时，多数投资者的过度投资进一步误定了企业价值，当头部机构投资者撤资后将引起股价崩塌，造成中小散户踩踏离场，企业价值完全偏离预期（李京京等，2021）。同时，网络舆情传播过度也会导致过度投资，并极快地造成股价闪崩，这是因为当网络舆情发展到一定规模，其中所包含的真实信息的比例必然减少，而只有少数能够获取到真实信息的人能够顺利离场，大量受误导的投资者将会过度投资。从这个角度看，网络舆情传播的程度会对企业价值起到相反的作用效果（李伟等，2020）。因此，网络舆情是目前能够显著影响投资者的动因，而投资者的反应会更加激烈，必然会引起企业价值的改变。

　　行为金融理论认为资本市场价格并不只是由资本的内在价值决定，在很大程度上是受到投资者主体行为的影响，即投资者心理与行为对资本市场的价格决定及其变动具有重大影响。网络舆情通过改变投资者与企业之间的信息不对称来影响投资者的投资情绪，从抽象心理上改变了投资者的内在动机，这是网络舆情影响企业价值的路径。进一步来看，投资者的内在动机改变映射至现实世界的资本市场中即反映为企业资本价值的变化，这种情况在新股上市时的影响尤为明显。企业在上市前通常都会被媒体和网络大肆报道，专注于"打新"的投资者对新股发行前的网络舆情尤为关注，网络舆情中包含的大量关于企业发展潜力、经营状况、行业地位等信息的讨论与新闻，网络舆情的规模在较大程度上影响了投资者对企业上市后的预期，同时企业上市前网络舆情的态度也在很大程度上影响企业开盘价，这是由于网络舆情对投资者情绪的影响传递至企业股票上的影响（饶育蕾等，2010）。资本市场本质上是一种信息市场，市场的情绪反映了信息的变化程度，而资本市场的任何信息都需要渠道才能传播和公开，绝大多数市场参与者与投资者都需要依赖渠道来获取资本市场信息（Fang L等，2009）。目前投资者能接触到最便捷、最真实的渠道便是网络，既有传统媒介的信息效应，也有传统舆情的情绪效应，因此网络舆情将二者结合便具有双重效应，这表明当资本市场中的投资者从网络舆情中获取数据时，在认知信息的过程中也会受到网络舆情中含有的情绪所引导，并且认知的速度越快、程度越深，则投资者受网络舆情影响的程度越大（姜杨等，2015）。总体上看，网络舆情通过信息引导与话题衍生左右了投资者的注意力与关注度，企业受到的关注度越高，则网络舆情中关于企业的信息越多，投资者对于企业的资本信息接收的成本就越低，在过滤无用信息后传递至投资者的剩余有用信息就越多，因此投资者的投资情绪就越可能受到影响并导致企业股价波动更加剧烈（刘锋等，2014）。

由此可见，投资者情绪在网络舆情影响企业价值的过程中起到了中介效应，但根据相关文献研究网络舆情影响投资者情绪并影响企业价值的路径是同步的，即三者同增同减。而有的文献研究则认为网络舆情的过度传播在提升投资者情绪的同时导致企业价值减少。综上所述，本章提出以下假设：

假设3-5：投资者反应在网络舆情影响企业价值的路径中起到中介作用。

5.4 企业规模在网络舆情影响企业价值中的调节作用

企业规模是衡量一个企业"大小"的最直观概念，通常按照如营收、资产等有关标准和规定划分，可以划分为特大型、大型、中型、小型、微型，既用来评价企业的大小，也作为国家管理企业、给予政策的相关依据。企业规模实际上是企业规模经济的一种表现，规模经济能够使企业实现产品规格的标准化，降低产品单位购销成本，优化企业管理架构，增强企业的竞争力，从而带动企业价值的增长。同时，在市场不确定性因素增加时，企业规模越大将拥有越多的财务柔性，融资能力更强且对资金的管理更为有效，应对环境风险的能力相对于规模小的企业明显更强（刘名旭等，2014）。但是，随着企业规模的扩大，企业会将更多关注点放在规模获取上而忽略投资效益，形成规模递减效应，企业规模所带来的成本优势、声誉效应等经济效益增量因素所带来的企业价值增量小于企业规模的增量，企业的资源分配能力会随着规模增大而降低，并不能很好地消化企业规模增长带来的好处，同时规模增大通常会伴随着企业举债的增加，各种因素共同阻碍企业价值的提升（王满等，2016）。

从抗风险的角度来看，负面网络舆情容易引发企业产生资金风险，企业声誉下降的同时企业利益相关者对企业的信心产生变化，从而造成融资约束。规模大的企业由于超额持有现金量更高，因此抵抗资金风险的能力更强，而规模小的企业在面临资金风险时资源更为短缺，融资约束对资金运行影响更强，因此承担的风险更大，所以国家经常出台各种政策需要银行、当地政府协同配合助企纾困（李可萱，2020）。信用评级是对企业信用风险的量化，是投资者了解企业信用风险高低的重要窗口，对于上市公司更是如此，而信用评级机构评价企业信用时除了通常会选取常规的盈利能力、运营能力、股权集中度等指标，企业规模也是信用评级的重要指标。规模越大的企业通常也拥有越高的信用评级，就越能吸引投资者入场增资，因此大规模企业对抗风险的能力也更强（乔雅，2021）。企业规模的扩张也会带来毛利率持续走低、应收账款质量下降、研发投入难以维系等方面的问题，部分企业也会走上压缩利润换市场的路线，短期内能够稳住企业规模增速，但长期来看对企业价值的影响是巨大的（张月馨，2020）。对于市场来说，规模越大的企业代表越好的企业社会责任履行，企业环境信息披露质量越高，这也间接提高了市场各方对企业的宽容程度，因此在企业发生负面事件后，企业利益相关者对企业的容忍阈值也比较高，这也说明规模大的企业为何能对抗负面新闻的影响（姚海博，2019）。因此可以看出企业规模对企业价值增长的调节作用是极其明显的。

对于企业来说，企业的绩效代表着企业价值增长的速度，网络中的信息传播则会通过影响企业在消费者群体中的好感度来影响企业绩效，进而导致企业价值增长的变化（朱舸等，2015）。因此，当企业的负面网络舆情产生，最先打击的则是企业的销售与股价，间接导致企业价值的减少，此时规模较大的企业以往积攒的声誉与稳健经营带来的股价坚韧性则是企业抵御负面舆情所带来的经营风险的基础，能更有效地减少负面舆情对企业价值带来的影响。但同样的，规模越大的企业，其正面舆情带来的宣传效应相应减弱，在企业已有的高知名度、高影响力的基础上，正面舆情对企业经营的提升作用较小，则对于规模较大的企业的声誉提升也较小（王春宇，2018）。大规模的企业由于拥有良好的市场声誉和经营能力，能够向企业的投资者、债权人等利益相关者传递积极信号，市场各方对企业的增长保持有足够的预期，因此网络渠道营销的确能够进一步增加企业曝光度来提高企业绩效，但网络舆情所能带来的引导效果会随着企业规模的增长而减弱（王悦，2020）。

综上所述，企业的成长伴随着规模的增长，企业各方面能力全面提升、规模效益持续增强。同时，网络作为企业重要的经营渠道，与其他经营方式相似，随着企业规模的提升网络为企业带来的收益增长是呈递减趋势的，网络舆情情感、规模、影响力增长对企业价值的影响会随着企业规模的扩大而减弱，也就是说对于大规模企业，网络舆情对企业价值的影响越来越小。基于此，本章提出以下假设：

假设4-1：企业规模在网络舆情情感对企业价值的影响中具有调节作用。

假设4-2：企业规模在网络舆情规模对企业价值的影响中具有调节作用。

假设4-3：企业规模在网络舆情影响力对企业价值的影响中具有调节作用。

5.5 公司声誉在网络舆情影响企业价值中的调节作用

表面来看，网络舆情影响的是企业的美誉度，而它是衡量企业在市场中竞争力与影响力的一项重要指标，企业的声誉代表了企业的品行，是能提高消费者对其产品、服务认同感的亲和力。而扩展到一个更广泛更深入的层面则是企业形象的崩塌损害的是企业长期的经营能力与其利益相关者的利益。公司声誉是企业利益相关者的共同感知，包括企业投资者、上下游贸易商、终端消费者（Fombrun，1994）。声誉是一种信任信号，是通过企业长期产品质量积累转换而来的无形资产，公司声誉能够使其产品获得更多的消费者获取意愿，对成交量具有非常重要的积极作用（肖俊极等，2012）。声誉是基于企业过去行为及结果的综合体现反映其各个利益相关者提供价值的产出能力，声誉对企业价值的作用机制主要有两个方面：一是信号传递，二是约束了机会主义行为。以声誉为背书，向市场传递企业的价值信息，以此来吸引利益相关者的关注。同时，声誉也消除了由于信息不对称带来的机会主义行为（Tadelis等，2002）。

一方面，公司声誉是企业与市场连接的重要桥梁，公司声誉的一种重要体现就是品牌效应，消费端对于品牌背后的企业也许不了解，但品牌会给人深刻的印象。企业社会责任履行意识下降极易损害品牌效应，而当经过网络舆情的放大则形成了品牌危机，破坏了企业与消费者之间的信任、感情与利益关系（余明阳等，2008）。公司声誉与其绩效呈现较强的相关性，通过对企业财务面板数据与企业前期EPS、PER进行检验发现具有行业内较好声誉的企业其盈利水平都比较高，并且企业的规模效应会扩大声誉对绩效的归因作用（Agarwal等，2009）。因此对于具有较高声誉与较好绩效的企业往往更容易受到资本市场的青睐，并且随着受到关注规模的提升，获取的融资机会更多（彭新育等，2021）。同样的，企业在陷入纠纷时会严重损害其声誉，企业诉讼面临着声誉问题，企业一旦官司缠身会影响投资者对其声誉的怀疑，对于大型企业，官司的影响力越大则企业受到的影响通常就越大（谷秀娟等，2022）。公司声誉下降则代表其舆论环境的恶化，企业要想实现信息操控行为的首要条件是隐藏不利消息，而当负面情感的消息暴露后提升了企业信息透明度，企业利益相关者能够获取企业的真实情况，则会引起股民大范围出逃避险行为，造成股价崩盘（杨继东等，2007）。

　　另一方面，声誉是企业在商界经营赖以生存的必要条件，拥有良好声誉的企业经过宣传能拥有更多资源与消费者青睐。目前绝大多数企业依赖网络渠道进行市场营销，网络中的"口口相传"形成了网络舆情，而网络舆情又承载着企业的声誉借由其高速性与价值性快速传播，从而扩大了企业的品牌影响力并形成良好的公司声誉，但同时，网络舆情通过将企业负面信息在网络中快速传播极大地影响了公司声誉，形成了企业的危机情境（Godfrey等，2009）。企业的声誉越高，则获得越多的消费者信任，其在负面情感的网络舆情危机情境中的抗风险能力越强，即拥有良好声誉的企业相对于拥有负面新闻的企业受到的损失越小（Srivastava等，1997）。网络舆情起到了信号传递的作用，有学者发现未经企业披露的负面新闻通过网络的传播形成网络舆情对中小投资者具有很好的保护作用，其作用机理是网络舆情对企业负面信息的传播降低了企业的信息欺骗性，极大地缓解了投资者与企业间的信息不对称，并加速监管机构介入，进一步损耗了企业的良好声誉（胡芳，2015）。从网络舆情影响公司声誉的路径的角度看，目前最广为接受的是依据信号传递理论，企业的众多利益相关者通过网络舆情获取企业负面事件的信号，他们通过对负面事件的理解与对企业的期望和了解来进行评估并采取相应的决策行动。对于上市企业来说，其利益相关者中数量最大的群体就是使用其产品的消费者与股票市场中的各类投资者。企业的消费者在企业的危机情境下会显著受到网络舆情的影响，并根据对危机情境的评估选择拒绝购买企业产品并通过网络发声形成新一轮的网络舆情，进一步降低公司声誉（欧阳哲，2016）。而投资者作为企业负面信号的接收者，同样会给予公司声誉减值反馈，并将信号传递至资本市场，影响企业的经营与价值。

综上所述，现代企业需要网络营销来宣传题材，又依赖网络来扩大影响力、提升公司声誉。公司声誉是投资者评判企业发展前景的一个重要因素，当声誉良好的企业曝出负面新闻时，投资者对企业的不信任性会更加增强，就会剥离业务参与或抽出资金，造成企业价值的损失。因此，公司声誉在网络舆情影响企业价值的路径中起到了调节作用，公司声誉能够放大网络舆情影响企业价值的作用效果。基于此，本章提出以下假设：

假设5-1：公司声誉在网络舆情情感对企业价值的影响中具有调节作用。

假设5-2：公司声誉在网络舆情规模对企业价值的影响中具有调节作用。

假设5-3：公司声誉在网络舆情影响力对企业价值的影响中具有调节作用。

5.6　本章小结

本章在前文理论框架的基础上，基于行为金融理论、信号传递理论、信息不对称理论，从网络舆情对企业价值的直接影响，以及加入融资约束、投资者反应后的网络舆情对企业价值的影响三条路径，总结归纳以往的研究成果发现，前人研究认为网络舆情能够对企业价值造成显著影响，并且网络舆情情感、规模、影响力都会在网络舆情影响企业价值的过程中发挥作用。同时，融资约束、投资者反应在网络舆情对企业价值的影响中发挥中介作用，网络舆情情感、规模、影响力均会对融资约束与投资者反应造成不同的影响，并进而导致企业价值的变化。并且，前人研究认为企业规模与公司声誉是网络舆情影响企业价值中的重要调节变量，能够显著调节网络舆情情感、规模、影响力对企业价值的影响。

第6章 研究设计

前面的理论分析表明，网络舆情对企业价值的具体影响需要根据网络舆情的不同属性以及网络舆情传播进一步引起融资约束、投资者反应的强度而定。因此，科学合理的实证研究可以对假设进行进一步检验，在前文的基础上本章从变量选择、样本选取、模型设计等方面进行设计，为后续进一步得出网络舆情对企业价值影响的结果提供数据基础。

6.1 变量选取

6.1.1 被解释变量

本书的被解释变量为企业价值，目前对企业价值的度量主要有两种方式：一是选取财务指标，以企业的财务状况来衡量企业的实际价值；二是选取资本市场方面指标利用市场价值来表示企业价值。利用财务指标衡量企业价值方面，主要思路是以企业的盈利能力、绩效水平来表示企业的具体价值，因此最常用的表示企业价值的财务指标有营业利润率、总资产报酬率、净资产收益率等能够表现企业盈利能力的指标。营业利润率为营业利润与全部业务收入的比值，是体现企业的营收能力最直观的指标之一；总资产报酬率为企业投资报酬与投资总额的比值，同样反映企业的获利能力；净资产收益率则是净利润与平均股东权益的比值，反映的是股东权益的收益水平，也是从企业收益角度来体现企业价值的指标。从市场价值指标角度采用最多的便是 Tobin's Q 值，该指标经过数十年的验证已经成为目前最为成熟的测量企业市场价值的指标，目前学界大多数学者在研究企业价值时基本都选择 Tobin's Q 值，首先 Tobin's Q 值可以有效避免企业外部因素带来的影响；其次是该指标在衡量企业价值时比较客观，受财务指标影响较小，能减少控股股东对企业的账面价值进行调整。

同时，考虑到网络舆情对企业在二级市场的市值影响要远远大于对企业财务状况的影响程度，与 Tobin's Q 值反映企业的资本市场价值的特性较为契合，因此本书选择该指标衡量企业价值，托宾 Q 计算方法如公式6-1所示。

$$TQ = \frac{市价×流通股数+非流通股数×每股净资产+负债账面价值}{资产总计} \qquad (公式6-1)$$

公式中，市价用季度末5日收盘价的均数计算，每股净资产用季度末所有者权益与总股本的比值计算每股净资产。

6.1.2　解释变量

本书的解释变量将网络舆情分解得到网络舆情情感指数（EI）、网络舆情规模指数（SI）与网络舆情影响力指数（FI），变量来源与计算方法已在第4章内进行详细阐述，因此不再赘述。

6.1.3　中介变量

首先是融资约束（FCI），企业既可以通过企业内部的自有资金融资，也可以依赖信贷等外部融资。本书的融资约束主要考虑企业内部自有资金、获得银行信贷的可能性和企业信贷成本等因素。其中企业自有资金代表企业的内源融资约束，企业信贷可能性和信贷成本代表企业的外源融资约束。根据以往研究成果来看，融资约束的度量通常可以分为单一变量指标和多变量指标等方式。单一变量指标的优点在于指标数据容易获取、指标含义容易理解，但实际上企业的融资约束是受多个方面因素影响的，并不局限于某一个指标的影响，因此单一变量指标在衡量企业融资约束情况时往往不能全面地表达，而是利用两个或多个财务指标构建的多变量融资约束指标来衡量企业的融资约束。为了找到适当的指标，参照康瑞英（2020）、慕绣如（2017）等将内源融资约束和外源融资约束结合，综合体现在一个融资约束指标内，其中：（1）内源融资约束，本书选择流动资产和流动比率来表示，其数值越高表明企业的内部资金越充裕，面临融资约束的可能性越小；（2）外源融资约束，本书采用利息支出占销售收入比值和资产负债比来表示，比值越高，则代表该企业的融资能力越强。根据以上四个指标构建一个综合的融资约束指标体系，并分别赋值1~4分，将四个指标的分值相加，得到一个综合的融资约束指标。该指标分值越大，企业融资能力越强，融资约束程度越小。

投资者反应（St）作为本书的中介变量之一，也是一种非理性难量化的指标，表示了投资者对未来的预期，因此如何衡量投资者的心理情绪是一个难点。部分研究直接利用财经或股票论坛中的投资者评论情感作为投资者的情绪反应，但本书认为该指标与网络舆情情感指标含义基本类似，能够反映投资者的情绪，但并不能反映投资者的投资意愿，投资者反应更多的是反映投资者的投资、交易意愿。目前关于投资者反应已有较多学者从不同角度进行了度量。第一种是采用直接指标度量，即通过访谈与调查问卷等方法从投资者处获取对行情的看法与预期等方面的数据，根据经过收集整理后的数据来构建投资者反应指数（Solt等，1998；Brown等，2004；刘仁等，2005；陈军等，2010）。用直接指标评价投资者反应的优点在于直观、简洁，能明确显示投资者反应。但缺点在于投资者反应的数据获取难度大，且如果问卷设计存在问题或问卷发放流程不规范会导致数据主观性较强，也存在非理性因素导致的投资心理偏差，因此目前学界认为直接指标度量的方法的有效性有待商榷。第二种是间接指标，是通过从资本市场中收集企业的客观数据，并构建投资者情绪指数，较为主流的间接指标有封闭式基金折价率（Lee等，1991；Neal等，1998；顾娟，2001等）、IPO首日收益率（Baker等，2006）、消费者信心指数（Lily等，2004）、波动率指数（Wain等，2016）等。第三种是复合指标，复合指标是由两个或两个以上的指标合成的指数。该方法能更全面地反映投资者反应，也是应用较为广泛的方法。Bake选取了六个指标即IPO数量、上市首日收益、封闭式基金折价、交易量、股利收益和股票发行构建了关于投资者情绪的复合指标。借鉴Bake的方法，唐静武等（2009）也选取了类似的五种指标构建了投资者反应指标，包括IPO数量、换手率、基金现金持有比例等。迄今为止，并没有某种方法能够获得一致性的认同，各有优缺点，例如封闭式基金折价率在衡量上存在一定缺陷，因此对于投资者反应的代表性不强（Chen，1998）；同样的，IPO数量与IPO首日收益率对于投资者反应的解释性也不够强，并且没有持续性，对企业股价的未来没有解释效力（Bayless，1996）。因此，考虑到数据的可获取性与投资者情绪的解释性，换手率是一个极佳的指标（Baker等，2004）。换手率反映了资本市场中的交易热度、股票的流动性，在一定程度上表示了投资者的交易反应与交易需求，换手率越高则投资者的交易反应越强烈，反之则代表投资者的交易反应低落，市场活跃性下降。因此本书借鉴Baker的方式，将企业股票每个季度中的日均换手率作为每个季度的投资者反应指标。

6.1.4 调节变量

公司声誉能够对网络舆情影响企业价值的路径产生调节作用。良好的公司声誉可以对舆情受众产生"晕轮效应"（Halo Effect），即人们对事物的认知和判断往往从局部出发，常常以偏概全，个体如果被普遍认为是良好的，也就会被周围定义为受到积极肯定的光环笼罩，并被赋予好的品质。而对于公认的不良个体，会理所应当地赋予消极的印象。因此，相较于低声誉的企业，具有良好声誉的企业在对网络舆情积极回应时会得到市场更多的谅解，并且企业积极正面回应的良好形象会被进一步放大，从而抵消网络舆情带来的负面影响。此外，企业通过良好声誉形象这一优势向投资者传递出的信号有利于企业扩大企业业绩优良、承担责任的形象，使投资者对企业出现网络舆情的内容进行选择性的忽略，回避对负面事件的认知，从而缓和股票市场的负面影响。对于公司声誉的量化基本都综合考虑企业的情况，从财务绩效指标与非财务指标两个角度考虑。从财务指标的角度量化公司声誉是出于企业为获得市场的信任以便更好地取得市场利益并获取更多的资本，总是倾向于选择对投资者效用最大化的行动，即企业能够为投资者带来越多超额收益则企业在市场中的声誉越好（付玉秀等，2003）。企业的财务指标反映了企业的微观特质，对应的指标是能够代表企业的声誉情况的（白俊等，2012）。同时，企业的社会责任是否恰当地履行也是市场考察的重要因素，诚然企业天生追求利益获取，但完全不顾社会责任的履行或有违背商业道德的经营行为，企业短期内会获得超额收益，但对于企业及整个行业的声誉将造成严重的打击（李宝新等，2008）。一个企业的声誉形成需要经过较长时间的积累，并获得大量利益相关者的共同认同并形成反馈，因此企业的自身财务实力是形成公司声誉的主要因素，并且对市面上拥有较高声誉的企业进行分析可以发现，该类企业的自身财务实力特征极为明显，尤其是净资产的获利能力与增长能力都尤为显著，因此这类企业往往能抵御住突发的外部风险，并获得投资者的同情（吴向阳，2009）。非财务指标多是从市场对企业评价的直接性指标方面入手，以企业评价的方式衡量公司声誉。较为常见的是以媒体声誉表示。媒体对某个问题的报道会突出该问题的重要性，并反映了大众对问题的态度（Mccombs等，1972）。当企业在媒体中的评价越高，则获得的正面报道与评价的数量也越多，此时市场更容易形成积极的感情，企业也越容易获得良好的社会口碑（Lievens等，2005）。通过两种方法对公司声誉的衡量效果上来看各有利弊，非财务指标能较为直观、准确地反映企业在商业环境、消费者群体中的整体声誉，通过直接获取企业利益相关者的评价作为公司声誉的度量，但缺陷在于数据获取困难，当样本数量过多时则难以获取大规模数据。财务指标虽然在表达性上不如非财务指标，但优势在于数据获取较为容易，适用于同时以多家企业为样本的情况。因此，本书选择股东分红纳税加上支付给债权人的利息的和的自然对数作为衡量公司声誉的指标。

另一个能够对网络舆情影响企业价值产生调节作用的因素是企业规模（Size）。规模是企业抵抗风险的根本，由企业的流动资金水平、营业收入、固定与流动资产等多种因素综合形成，根据前人研究经验，网络舆情对企业价值的影响多是通过影响股价以及企业融资来进一步对企业经营状况造成影响，因此企业的基础体量足够大，在不确定的环境中，相对于小规模的企业，规模越大的企业拥有的雄厚资金使得其具有更强的抗风险性和财务柔性（刘琛君，2010）。但规模较大的企业在扩张阶段更容易关注规模的扩大而忽视了投资效益，形成规模递减效应，即企业的经济效益增量小于企业规模的增量，阻碍了企业价值的提升（王满，2015）。因此从这点考虑，在提升企业价值的过程中，正面的网络舆情对规模较大的企业的提升作用是会降低的。而由于规模更大的企业会获得更高的关注度，因此当企业的负面网络舆情扩散将会进一步扩大网络舆情对该企业的企业价值的影响（王筱纶，2019）。对于企业规模的量化，可以利用企业的财务指标比较清晰地进行衡量。根据学者们的研究成果，目前多数研究利用企业期末总资产的自然对数表示（黎精明，2017；李可萱，2020；张忠寿，2022）。

6.1.5　控制变量

在参考以往网络舆情影响企业价值的相关研究基础上，参照以往学者的研究，以保证可靠性为目的，选取会给企业价值带来影响的指标作为控制变量。考虑到网络舆情影响企业价值的最直接路径是影响企业的股价与盈利能力，因此投资者对企业的经营管理水平的关心导致企业的盈利指标是能够影响投资者投资情绪的关键因素，因此就网络舆情对企业价值的直接影响方面，借鉴已有文献（Stanny，2013；Dhaliwal 等，2011；Anagnostopoulou，2014），控制变量选择了资产负债率（Lev）、净资产利润率（ROE）、收入增长率（Growth）、现金净流量（Cash）、营业额（Lnsales）。

在加入融资规模后的网络舆情影响企业价值的路径中，借鉴已有文献（宋婕，2019；邓翔，2014；张纯，2007），控制变量的选择除了净资产利润率（ROE）、收入增长率（Growth）、现金净流量（Cash）、营业额（Lnsales），考虑到公司成立年限越久会拥有越多的融资渠道与融资资源（张晓燕，2021；Franklin，2015），因此将企业年龄（Age）作为控制变量，用样本年份减去企业成立年份。

在加入投资者反应后的控制变量的选择除了净资产利润率（ROE）、收入增长率（Growth）、现金净流量（Cash）、营业额（Lnsales），考虑到企业成长性在一定程度上反映企业投资机会，对投资者预判企业预期存在相关的影响（Duong 等，2018；孙红燕等，2018），因此将企业成长性作为控制变量，用企业经营收入与总资产的比值表示。本书变量见表6-1。

表6-1 变量定义及解释表

变量类型	变量名称	变量代码	说明
被解释变量	企业价值	TQ	托宾 Q
解释变量	网络舆情感	EI	网络舆情情感值
	网络舆情规模	SI	网络舆情信息数量
	网络舆情影响力	FI	网络舆情信息影响力+用户影响力
中介变量	融资约束	FCI	流动资产、流动比率、利息支出占销售收入比值、资产负债比四项指标综合计算
	投资者反应	St	每个季度的日均换手率
调节变量	企业规模	Size	期末总资产取自然对数
	公司声誉	Corre	（股东分红纳税+支付给债权人的利息）的自然对数
控制变量	资产负债率	Lev	总负债/总资产
	净资产利润率	ROE	净利润/净资产
	收入增长率	Growth	（本期主营业务收入−上期主营业务收入）/上期主营业务收入
	现金净流量	Cash	经营性现金净流量/营业总收入
	营业额	Lnsales	营业收入对数
	企业成长性	SaleGr	企业经营收入/总资产
	企业年龄	Age	企业成立年数
虚拟变量	季度	quarter	虚拟变量

6.2 样本选取与数据处理

本书研究所使用的数据主要涉及两个方面：一是企业的网络舆情相关数据，二是企业的财务数据以及托宾Q值。企业的网络舆情相关数据方面，本书选择文娱行业上市公司主要基于以下两点考虑：一是文娱行业上市公司更容易受到网络舆情的影响。文娱企业的产品面向人群多为年轻受众，文娱企业的旗下艺人、作品更容易引起年轻网民的讨论，并且娱乐圈更容易爆发新闻从而形成网络舆情事件。二是文娱企业相关网络舆情数据量相对充足。考虑到数据的易获取性以及数据量的充足性，以及参考众多相关研究的数据来源，本书通过微博平台利用网络爬虫工具进行网络舆情数据采集。选择微博作为信息源网站的原因：一是微博作为目前国内头部网络社交媒体，拥有极为庞大的网络舆情数据量以及接近6亿的网民群体；二是微博作为传统网络社区，相较于抖音、快手等视频类社交媒体，其中如文字、图片等低维度数据较多，便于对网络舆情情感、规模、影响力这三种解释变量进行量化，同时微博中娱乐类网络舆情较多，其中数据与本书文娱企业选题极为契合；三是微博作为目前月活用户较多的社交媒体，其网络舆情事件以及各类信息的实效性较高，微博往往也是网络舆情事件的爆发区，微博中的网络舆情数据能够较好地反映网络舆情事件的各个方面，有利于本书正确反映网络舆情与企业价值的关系。

网络舆情方面选择 GooSeeker 网络爬虫工具，该工具具有高度集成的针对微博关键词、用户、微博数据进行采集的工具包，使用较为便捷。需要注意的是由于目前微博对爬虫工具进行了限制导致每个时间段只能获取前50页信息，因此本书将爬虫抓取时间间隔设置为每一小时进行刷新以尽量抓取更多数据。通过第4章网络舆情情感计算方式可知，对于网络舆情情感量化需要文娱企业网络舆情的文本数据，网络舆情规模则是对各个季度中网络舆情文本数据的数量进行统计，而网络舆情影响力需要对微博信息以及微博发布用户的各类信息作为指标进行量化，因此需要利用爬虫工具采集每条微博的文字数据，以及点赞、评论、转发的数量，同时包括微博发布者的发文、关注、粉丝的数据以及用户的认证状态。新浪微博网络舆情数据示例如图6-1所示。

	关键词	博主	博文	发布时间	转发数	评论数	点赞数	博主认证	简介	性别	关注数	粉丝数	微博数
1	关键词	博主	博文	发布时间	转发数	评论数	点赞数	博主认证	简介	性别	关注数	粉丝数	微博数
2	华谊兄弟	艾涮走	脑补一下，要是有美眉客服来追这是要用机的假	2018/1/4	0	2	1	1	1	1	487	167	164
3	华谊兄弟		万达广场长2018开始了，元旦过完了，雌流纸们的假期放假了，	2018/1/4	0	0	1	0	0	0	1474	489	592
4	华谊兄弟	湛江德平町	【@WEYSUV：//@电影快快Pro 等20名用户获得【万达	2018/1/4	0	0	0	1	1	1	412	869	62
5	华谊兄弟	荆门志信町	//@网口宏政WEY：@WEYSUV：等20	2018/1/4	0	4	0	1	1	0	407	147	171
6	华谊兄弟	宜兴万达影	万达电影APP预售已开？	2018/1/4	0	0	0	1	1	0	274	3	47
7	华谊兄弟	爱西万达影	#小爱包打听# 本人因有事 现有前任3的电影票一张	2018/1/4	0	4	0	1	1	1	640	356	298
8	华谊兄弟	大青海网	#西宁分享#本人因有事 现有前任3的电影票一张	2018/1/4	0	3	0	0	0	0	118	33	9
9	华谊兄弟	小岛城事	【送集福利】2018第二波福利，最后的	2018/1/4	3	7	4	1	1	1	122	33	9
10	华谊兄弟	宁波租房在	#宁波租房在线##学府苑三室一厅一卫主卧次卧转租	2018/1/4	0	1	1	1	1	0	312	132	80
11	华谊兄弟	江门新会町	#解读杂货店#求票！继续积极支持万达电影生活	2018/1/4	0	0	0	2	2	0	80	180575	573
12	华谊兄弟	清茶客de吉适	《星球大战8：最后的绝地武士》将于今晚12点现地武	2018/1/4	0	0	0	1	1	0	768	146577	238272
13	华谊兄弟	IMAX	wow！1月5日零点#IMAX3D星球大战大战。最后的绝地武	2018/1/4	252	38	14	1	1	1	295	340	596
14	华谊兄弟	高安华棋町	@WEYSUV：等20名用户获得【万达	2018/1/4	0	0	0	1	1	1	225	47	332
15	华谊兄弟	东北大漂亮	去万达电影院看电影，拍到到，SHOYO轻氧	2018/1/4	0	1	0	0	0	0	106	34	9
16	华谊兄弟	漫络影视	今天徐州第一场电	2018/1/4	0	0	0	1	1	0	105	36	9
17	华谊兄弟	高安华棋町	@WEYSUV：等20名用户获得【万达	2018/1/4	0	0	0	1	1	0	61	33	
18	华谊兄弟	neece	#新年快乐@今年~如咆往来支持万达现房~继续	2018/1/4	0	0	1	1	1	1	418	247	891
19	华谊兄弟	小刀说电影	#小刀说电影#唾哥3到现在网上还没有啊，可惜了丑	2018/1/4	0	0	1	2	2	1	3196	983	9287
20	华谊兄弟	中国独立观	#电影大世界# 北京首映~刘德导演交河	2018/1/4	4	5		2	2	1	606	6902	183
21	华谊兄弟	大连万达影	@WEYSUV：等20名用户获得【万达，IMAX万达4DX	2018/1/4	1	1	1	1	1	1	1022	3335	236
22	华谊兄弟	neece	#一月片单#@WEYSUV：终于熬到国产末	2018/1/4	0	0	0	1	1	1	1120	129	668
23	华谊兄弟	neece	#一月片单#战迷逃必须米支持下，终于熬到国产末	2018/1/4	0	0	0	1	1	0	7	23	
24	华谊兄弟	neece	#一月片单#战迷逃必须米支持下，终于熬到国产末	2018/1/5	0	0	0	1	1	0	112	33	9
25	华谊兄弟	高安华棋町	@WEYSUV：等20名用户获得【万达	2018/1/5	0	0	0	1	1	1	484	44	11
26	华谊兄弟	上海展力町	@WEYSUV：极速看新闻1.万达电影(0027391丁	2018/1/5	0	0	0	1	1	1	119	34	10
27	华谊兄弟	湛江德平町	@WEYSUV：等20名用户获得【万达	2018/1/5	0	0	0	1	1	1	547	646	262
28	华谊兄弟	CruZeng	#LINE3#网飞系列剧#她说了丁年# 女演员DeManda W	2018/1/5	0	0	0	2	2	0	927	116	919
29	华谊兄弟	连云港长美	@WEYSUV：等20名用户获得【万达 女演员DeManda W	2018/1/5	0	0	0	1	1	1	350	7787	172
30	华谊兄弟	网易双创	#双色球早报#早上好！万达电影重大资产重组投资得	2018/1/5	0	0	1	1	1	1	3	74	29

图6-1 新浪微博网络舆情数据示例

本书以企业股票的中文名称作为检索关键词，考虑到关联检索关键词越多则获取信息越少，检索结果将限定在与企业二级市场方面高度相关的信息，因此没有将股票代码、控股股东、实际持有人姓名等信息作为检索关键词。清洗掉重复、乱码、纯表情等不利于本书量化的微博后，共采集 580 万余条微博数据。

企业财务数据以及托宾 Q 值方面，企业的财务数据与企业托宾 Q 值源于 Wind 数据库与 CSMAR 数据库。研究样本上，通过天眼查获得在 A 股主板上市的文化与娱乐类企业，去除发行业、出版业、图书馆等娱乐属性较低的企业以及在 2018 年以后退市的企业。根据经验，民企与国企受到融资约束、网络舆情等因素影响的效果是截然不同的，国企的融资能力与舆情管控能力较民企要高，因此剔除山东出版传媒股份有限公司、中信出版集团股份有限公司等国有控股的文娱企业，选取 37 家文娱民营上市企业作为研究对象，使研究结论更为可靠。数据采集时间为 2018 年 1 月 1 日—2020 年 12 月 31 日，以季度为时间节点，一方面可以通过上市公司披露的季度报告来获取企业经营数据，另一方面网络舆情的生命周期分为形成期、发展期、稳定期、隐匿期，多数网络舆情生命周期持续时间 1~2 个月，并且通过对数据的观察发现，文娱企业的网络舆情在未发生舆情事件时数量较少，如果发生网络舆情事件则当季度的网络舆情数据及指标量级将大增，因此以季度划分企业财务数据能够较好地涵盖其中发生网络舆情事件的生命周期，将每个季度企业财务数据与网络舆情数据相匹配能够较好地验证网络舆情对于融资约束、投资者反应等因素对企业价值的影响，因此本书将企业财务数据共划分为 12 个季度，剔除财务数据异常的样本及主要变量数据缺失的样本，最终得到 404 个有效观测值。

6.3　模型设计

（1）网络舆情对企业价值影响的模型

为了验证网络舆情情感影响企业价值的假设 1-1，是否如预期那样网络舆情情感对企业价值造成显著影响，并且正向情感较多则有利于企业价值的增值，而负面网络舆情情感较多则造成企业价值的减值，构建模型如公式6-2所示。

$$TQ = \alpha_0 + \alpha_1 EI + \alpha_2 Lev + \alpha_3 ROE + \alpha_4 Growth + \alpha_5 Cash + \alpha_6 Lnsales + \sum quarter + \varepsilon$$ （公式6-2）

被解释变量TQ为企业i第t年的第s个季度的托宾Q值，α_0为常数项，α_1至α_7为回归系数，EI为同期网络舆情情感值。Lev、ROE、Growth、Cash、Lnsales为控制变量，分别为企业i第t年的第s个季度的企业规模、资产负债率、净资产利润率、收入增长率、现金净流量、营业额，quarter为虚拟变量，ε为残差项。

为了验证网络舆情规模影响企业价值的假设1-2，探究网络舆情规模对企业价值的影响，构建模型如公式6-3所示。

$$TQ = \alpha_0 + \alpha_1 SI + \alpha_2 Lev + \alpha_3 ROE + \alpha_4 Growth + \alpha_5 Cash + \alpha_6 Lnsales + \sum quarter + \varepsilon$$ （公式6-3）

为了验证网络舆情影响力影响企业价值的假设1-3，探究是否网络舆情影响力越大对企业价值的影响越大，构建模型如公式6-4所示。

$$TQ = \alpha_0 + \alpha_1 FI + \alpha_2 Lev + \alpha_3 ROE + \alpha_4 Growth + \alpha_5 Cash + \alpha_6 Lnsales + \sum quarter + \varepsilon$$ （公式6-4）

为了验证网络舆情各项指标对企业价值的综合影响，将网络舆情情感、影响力、规模三个变量综合带入模型分析其影响效果，构建模型如公式6-5所示。

$$TQ = \alpha_0 + \alpha_1 EI + \alpha_2 SI + \alpha_3 FI + \alpha_4 Lev + \alpha_5 ROE + \alpha_6 Growth + \alpha_7 Cash + \alpha_8 Lnsales + \sum quarter + \varepsilon$$ （公式6-5）

（2）融资约束在网络舆情影响企业价值中作为中介变量的模型

为验证融资约束对网络舆情与企业价值影响路径的作用效果，共构建五个模型。首先，验证网络舆情影响企业融资约束的假设2-1、假设2-2、假设2-3，以验证网络舆情的情感方向、规模、影响力是否会对企业的融资约束造成影响。其次，构建融资约束影响企业价值的模型来验证假设2-4。最后，引入融资约束这一中介变量，构建网络舆情、融资约束与企业价值的关系模型，来进一步研究三者间是否存在一定的相关性，网络舆情是否能够改变融资约束对企业价值的影响作用，来验证假设2-5。

以网络舆情情感、规模、影响力指标来验证网络舆情对融资约束的影响是否显著，在考察网络舆情影响时，将EI、SI、FI这三组变量分别带入公式6-6中PO分别对假设2-1、假设2-2、假设2-3进行检验，模型如公式6-6所示。随后，将以上指标综合带入模型进行检验，进一步验证以上假设，模型如公式6-7所示。

$$FCI = \gamma_0 + \gamma_1 PO + \gamma_2 Size + \gamma_3 ROE + \gamma_4 Age + \gamma_5 Growth +$$
$$\gamma_6 Cash + \gamma_7 Lnsles + \sum quarter + \varepsilon \qquad （公式6-6）$$

$$FCI = \gamma_0 + \gamma_1 EI + \gamma_2 SI + \gamma_3 FI + \gamma_4 Size + \gamma_5 ROE + \gamma_6 Age + \gamma_7 Growth +$$
$$\gamma_8 Cash + \gamma_9 Lnsles + \sum quarter + \varepsilon \qquad （公式6-7）$$

为了验证融资约束对企业价值的影响，以Tobin's Q值作为企业价值的变量，并控制净资产利润率、收入增长率、现金净流量、营业额、年份等指标，采用多元线性回归方式验证融资约束对企业价值的影响作用，来验证假设2-4，数理模型如公式（6.8）所示。

$$TQ = \beta_0 + \beta_1 FCI + \beta_2 ROE + \beta_3 Age + \beta_4 Growth + \beta_5 Cash +$$
$$\beta_6 Lnsles + \sum quarter + \varepsilon \qquad （公式6-8）$$

为了验证融资约束的中介作用，在网络舆情影响企业价值模型中加入融资约束，检验网络舆情影响企业价值的关系中融资约束是否起到中介效应，同上，将EIP和EIN、SI、FI这三组变量分别带入公式6-9中的PO进行检验。随后，将以上指标综合带入模型进行检验，两个数理模型用以验证假设2-5，如公式6-9、公式6-10所示。

$$TQ = \theta_0 + \theta_1 PO + \theta_2 FCI + \theta_3 ROE + \theta_4 Age + \theta_5 Growth + \theta_6 Cash +$$
$$\theta_7 Lnsles + \sum quarter + \varepsilon \qquad （公式6-9）$$

$$TQ = \theta_0 + \theta_1 EI + \theta_2 SI + \theta_3 FI + \theta_4 FCI + \theta_5 ROE + \theta_6 Age + \theta_7 Growth +$$
$$\theta_8 Cash + \theta_9 Lnsles + \sum quarter + \varepsilon \qquad （公式6-10）$$

本书已经通过模型公式6-2、公式6-3、公式6-4检验了网络舆情对企业价值的影响，根据温忠麟（2005）中介效应分析法，按照中介变量检验方法对融资约束在网络舆情与企业价值的关系中进行中介效应检验，分别将网络舆情情感、规模、影响力三个变量带入公式6-10后得到在加入融资约束后的变量与企业价值回归系数，通过与公式6-2、公式6-3、公式6-4中得到的网络舆情直接影响企业价值的回归系数进行数值大小对比，检验融资约束是否在该影响路径中起到中介效应。

（3）投资者反应在网络舆情影响企业价值中作为中介变量的模型

为验证投资者反应对网络舆情与企业价值影响路径的作用效果，依然构建五个模型。首先，验证网络舆情影响投资者情绪的假设3-1、假设3-2、假设3-3，以验证网络舆情的情感方向、规模、影响力是否会对投资者反应造成影响。其次，构建投资者情绪影响企业价值的影响模型来验证假设3-4。最后，引入投资者反应这一中介变量，构建网络舆情、投资者反应与企业价值的关系模型来验证假设3-5，来进一步研究三者间是否存在一定的相关性，网络舆情是否能够影响投资者反应进而影响企业价值。

为验证网络舆情情感、规模、影响力指标对投资者反应的影响是否显著，将EI、SI、FI这三组变量分别带入公式6-11中PO进行检验。随后，将以上指标综合带入模型进行检验，利用两个数理模型以验证假设3-1、假设3-2、假设3-3，数理模型如公式6-11、公式6-12所示。

$$St = \gamma_0 + \gamma_1 PO + \gamma_2 ROE + \gamma_3 SaleGr + \gamma_4 Growth + \gamma_5 Cash + \gamma_6 Lnsles + \sum quarter + \varepsilon \qquad (公式6\text{-}11)$$

$$St = \gamma_0 + \gamma_1 EI + \gamma_2 SI + \gamma_3 FI + \gamma_4 ROE + \gamma_5 SaleGr + \gamma_6 Growth + \gamma_7 Cash + \gamma_8 Lnsles + \sum quarter + \varepsilon \qquad (公式6\text{-}12)$$

为了验证投资者反应对企业价值的影响，以 Tobin's Q 值作为企业价值的代替变量，并控制净资产利润率、收入增长率、现金净流量、营业额等指标，采用多元线性回归方式验证投资者反应对企业价值的影响作用，以验证假设3-4，数理模型如公式6-13所示。

$$TQ = \beta_0 + \beta_1 St + \beta_2 ROE + \beta_3 SaleGr + \beta_4 Growth + \beta_5 Cash + \beta_6 Lnsles + \sum year + \varepsilon \qquad (公式6\text{-}13)$$

为了验证投资者反应的中介作用，在网络舆情影响企业价值模型中考虑到投资者反应，检验网络舆情影响企业价值的关系中投资者反应是否起到中介效应，同上，将EIP和EIN、SI、FI这三组变量分别带入PO进行检验。随后，将以上指标综合带入模型进行检验，利用两个数理模型以验证假设3-5，数理模型如公式6-14、公式6-15所示。

$$TQ = \theta_0 + \theta_1 PO + \theta_2 St + \theta_3 ROE + \theta_4 SaleGr + \theta_5 Growth + \theta_6 Cash + \theta_7 Lnsles + \sum quarter + \varepsilon \tag{公式6-14}$$

$$TQ = \theta_0 + \theta_1 EI + \theta_2 SI + \theta_3 FI + \theta_4 St + \theta_5 ROE + \theta_6 SaleGr + \theta_7 Growth + \theta_8 Cash + \theta_9 Lnsles + \sum year + \varepsilon \tag{公式6-15}$$

按照中介变量检验方法对投资者反应在网络舆情与企业价值的关系中进行中介效应检验，检验分别将网络舆情情感、规模、影响力三个变量带入公式6-15与公式6-2、公式6-3、公式6-4中网络舆情变量的两组回归系数间是否存在显著大小差异。

（4）企业规模在网络舆情影响企业价值中作为调节变量的模型

为验证企业规模在网络舆情情感、规模、影响力三个维度影响企业价值中的调节作用，在公式6-2、公式6-3、公式6-4的基础上加入Size和Size*EI、Size*SI、Size*FI变量来建立模型。模型首先是能验证企业规模与企业价值间的影响关系，同时，调节作用能够引发解释变量和被解释变量间方向的转换以及强弱关系的变化，具体模型为Y=aX+bM+cXM+e，即Y=（a+cM）X+bM+e，在M保持固定的情况下，（a+cM）的值影响Y与X的关系。c代表模型调节作用的大小，c值显著则M对模型整体具有一定的调节作用。因此为验证假设，构建模型如公式 6-16、公式6-17、公式6-18所示。

$$TQ = \alpha_0 + \alpha_1 EI + \alpha_2 Size + a_3 Size*EIN + \alpha_4 Lev + \alpha_5 ROE + \alpha_6 Growth + \alpha_7 Cash + \alpha_8 Lnsales + \sum quarter + \varepsilon \tag{公式6-16}$$

$$TQ = \alpha_0 + \alpha_1 SI + \alpha_2 Size + a_3 Size*SI + \alpha_4 Lev + \alpha_5 ROE + \alpha_6 Growth + \alpha_7 Cash + \alpha_8 Lnsales + \sum quarter + \varepsilon \tag{公式6-17}$$

$$TQ = \alpha_0 + \alpha_1 FI + \alpha_2 Size + a_3 Size*FI + \alpha_4 Lev + \alpha_5 ROE + \alpha_6 Growth + \alpha_7 Cash + \alpha_8 Lnsales + \sum quarter + \varepsilon \tag{公式6-18}$$

其中，假设4-1、假设4-2、假设4-3分别由公式6-16、公式6-17、公式6-18验证。上述模型中，TQ表示企业价值，EI、SI、FI分别为网络舆情情感、规模、影响力，Size为企业规模，Lev为资产负债率，ROE为净资产利润率，Growth为收入增长率，Cash为现金净流量，Lnsales为营业额。

（5）公司声誉在网络舆情影响企业价值中作为调节变量的模型

同样的，为验证公司声誉在网络舆情情感、规模、影响力三个维度影响企业价值的调节作用，在公式6-1、公式6-2、公式6-3的基础上加入公司声誉变量St和St*EIP、St*EIN、St*SI、St*FI变量来建立模型验证假设，模型如公式6-19、公式6-20、公式6-21所示。

$$TQ = \alpha_0 + \alpha_1 EI + \alpha_2 St + a_3 St*EIN + \alpha_4 Lev + \alpha_5 ROE + \alpha_6 Growth + \alpha_7 Cash + \alpha_8 Lnsales + \sum quarter + \varepsilon \qquad (公式6-19)$$

$$TQ = \alpha_0 + \alpha_1 SI + \alpha_2 St + a_3 St*SI + \alpha_4 Lev + \alpha_5 ROE + \alpha_6 Growth + \alpha_7 Cash + \alpha_8 Lnsales + \sum quarter + \varepsilon \qquad (公式6-20)$$

$$TQ = \alpha_0 + \alpha_1 FI + \alpha_2 St + a_3 St*FI + \alpha_4 Lev + \alpha_5 ROE + \alpha_6 Growth + \alpha_7 Cash + \alpha_8 Lnsales + \sum quarter + \varepsilon \qquad (公式6-21)$$

其中，假设5-1、假设5-2、假设5-3分别由公式6-19、公式6-20、公式6-21验证。

6.4　本章小结

本章在前文研究基础上，首先对网络舆情影响企业价值的相关变量进行了明确，并分别对被解释变量企业价值，解释变量网络舆情情感、网络舆情规模、网络舆情影响力，中介变量融资约束、投资者反应，调节变量企业规模、公司声誉，以及根据以往研究者的研究选取控制变量进行了量化。其次在样本选择上，选取37家文娱上市企业2018年—2020年的财务数据及其同期的370万条微博网络舆情数据作为后续实证分析的研究样本。同时，根据前文研究假设，分别科学合理地构建了网络舆情对企业价值影响的模型，以及融资约束、投资者反应在网络舆情影响企业价值中作为中介变量的模型和企业规模、公司声誉在网络舆情影响企业价值中作为调节变量的模型。本章内容将为实证研究提供充分的前期准备工作。

第7章 实证分析与结果讨论

在前文理论基础、假设提出以及研究设计的基础上，本章将对网络舆情对企业价值的直接影响、融资约束和投资者反应对网络舆情影响企业价值的中介效应、企业规模和公司声誉起到的调节作用进行检验。首先，通过描述性统计和相关性分析观察数据整体情况。然后，对各变量之间关系利用回归分析进行分析。最后对实证结果进行稳健性检验并得出结论。

7.1 描述性统计

描述性统计结果见表7-1。

表7-1 描述性统计结果

	N	最小值	最大值	平均值	标准偏差
TQ	404	0.2454	6.6230	1.7187	1.1276
EI	404	-49 925.3761	351 631.0323	73 248.6233	88 230.56339
SI	404	594.0000	15 641.0000	8 460.0842	5 018.4358

续表

	N	最小值	最大值	平均值	标准偏差
FI	404	46.2705	6 509 255.4070	325 178.8531	859 685.8942
FCI	404	4.0662	15.7610	11.7020	1.885
St	404	0.3255	30.8256	4.9247	5.1650
Size	404	20.2012	24.1915	22.4410	0.9873
Corre	404	31.9241	42.7821	38.9414	2.0316
Lev	404	0.0318	0.9746	0.3661	0.1844
ROE	404	−3.6509	0.3906	−0.0125	0.3012
Growth	404	−3.0357	54.5258	0.5644	4.0004
Cash	404	−111.2139	2.8259	−0.5026	5.8958
Lnsales	404	13.9790	23.4599	20.6798	1.5279
SaleGr	404	0.0002	1.8550	0.2811	0.2581
Age	404	10.2137	33.9726	19.2498	6.0602

表7-1为主要变量的描述性统计分析结果，通过分析表中数据可知，企业价值（TQ）平均值为1.7187，最小值与最大值分别为0.2454与6.6230，极值差距较大，表明文娱企业间价值差距较大。网络舆情情感（EI）的最大值为351 631.0323，最小值为−49 925.3761，平均值为732 48.6233，表明多数文娱企业在多数时间网络环境是相对宽松的，对企业的正面评价与讨论要多于对企业负面消息的传播。网络舆情规模（SI）最大值为15 641，最小值为594，表明不同企业受到的网民关注度具有极大的差距，平均值为8 460.0842，表明受到多数关注与不受关注的文娱企业较为均衡。网络舆情影响力（FI）最大值为6 509 255.4070，而最小值仅为46.2705，表明文娱企业在不同时间下的网络舆情影响力差距极大，而平均值325 178.8531也表明了多数时间文娱企业网络舆情的影响力较为平衡，而发生舆情事件时影响力又会扩大至非常高的水平。

文娱企业的融资约束（FCI）的最大值为15.7610，最小值为

4.0662，平均值为11.7020，说明我国 A 股主板上市的文娱企业多数存在融资困难，获取外部资金的能力较弱，行业内多数资金集中在头部企业。文娱企业的投资者反应（St）的最大值为30.8256，最小值为0.3255，平均值为4.9247，说明我国 A 股主板上市的文娱企业的股票市场整体关注度较低，股票的投资热度不高，因此季度日均换手率平均值较低，股价波动幅度长期来看较为平稳。企业规模（Size）均值与标准差分别为22.4410、0.9873，表明文娱行业上市公司规模差距巨大，多数上市公司规模较小，只有少数企业具有较大的规模。文娱企业的公司声誉（Corre）的最大值为42.7821，最小值为31.9241，平均值为38.9414，结合企业年龄综合来看，我国 A 股主板上市的文娱企业的公司声誉多数较为良好。

资产负债率（Lev）最大值为0.9746，最小值为0.0318，平均值为0.3661，低于全行业资产负债率0.4的警戒线，表明多数文娱企业债务过高，行业整体处于一个高负债水平。净资产利润率（ROE）最大值为0.3906，最小值为-3.6509，平均值为-0.0125，表明文娱企业普遍利润较低。收入增长率（Crowth）平均值0.5644，营业额（Lnsales）均值为20.6798，也证明了多数文娱企业在2018年至2020年间虽然营业收入数额尚可，但盈利能力较弱，并且收入增长缓慢，收入增长率最大值54.5258，说明头部公司的盈利能力极强，其产品抢占了较多的市场份额。现金净流量（Cash）平均值为-0.5026，说明文娱企业间的经营现金流量波动性差异较大。企业年龄（Age）最大为33年，最小为10年，平均值19年，表明相较于创业板，能够依然在主板活跃的文娱行业上市公司普遍是行业内的老牌企业。文娱行业上市公司的企业成长性（SaleCr）最大值为1.8550，最小值为0.0002，平均值0.2811，表明在2018年至2020年期间，文娱企业的成长性较弱，绝大多数企业经营状况增长缓慢。

7.2 变量相关性分析

各变量间的相关系数矩阵见表7-2。

表7-2

相关系数矩阵表

	TQ	EI	SI	FI	FCI	St	Size	Corre	Lev	ROE	Growth	Cash	Lnsales	SaleGr	Age
TQ	1														
EI	0.217**	1													
SI	0.264**	0.852**	1												
FI	-0.066	-0.075	-0.003	1											
FCI	-0.304**	-0.143**	-0.188**	0.043	1										
St	0.474**	0.311**	0.158**	-0.035	-0.182**	1									
Size	0.554**	0.223**	0.111*	0.064	0.341**	-0.445**	1								
Corre	0.375**	0.253**	0.132**	-0.021	0.073	-0.386**	0.828**	1							
Lev	-0.326**	-0.046	-0.011	0.102*	0.498**	-0.108*	0.126**	0.036	1						
ROE	0.090	-0.020	0.007	-0.049	-0.041	-0.048	0.115*	0.220**	-0.360**	1					
Growth	0.003	0.021	0.017	-0.004	0.092	0.091	-0.035	-0.095	0.057	-0.056	1				
Cash	0.038	-0.043	-0.023	0.028	0.119*	-0.032	0.012	0.101*	-0.051	0.010	0.017	1			
Lnsales	-0.303**	0.003	0.089	0.035	0.546**	-0.335**	0.654**	0.674**	0.087	0.156**	-0.026	0.308**	1		
SaleGr	0.115*	-0.021	-0.003	-0.051	0.354**	-0.014	-0.076	0.043	0.088	0.119*	-0.039	0.103*	0.536**	1	
Age	-0.013	-0.221**	-0.261**	0.089	-0.096	0.001	-0.158**	-0.093	0.032	0.023	0.020	-0.066	-0.257**	-0.096	1

注：*相关性在0.05水平上显著，**相关性在0.01水平上显著（双尾）。

网络舆情情感（EI）与企业价值（TQ）在1%水平上存在显著的正相关性，表明关于企业的网络舆情情感值和数值越高则企业价值估值就越高，反之则越低。网络舆情规模（SI）则与企业价值在1%的水平上负相关，二者的影响性有待通过回归分析进一步验证。网络舆情影响力与企业价值不相关。此外，企业价值与企业规模（Size）、资产负债率（Lev）、净资产利润率（ROE）在呈现显著的相关性，表明盈利能力强的企业的价值估值也越高。

融资约束（FCI）与企业价值相关系数为-0.304，在1%水平上显著，这表明对于企业价值，融资约束能够产生显著负相关的影响。融资约束与网络舆情情感的相关系数为-0.143，网络舆情情感与融资约束产生显著负相关影响，表明网络舆情情感方向会明显影响融资约束，并且正向情感值的水平越高越有利于缓解企业融资约束问题。同时，网络舆情规模与融资约束的相关系数为-0.188，相关性同样显著，表明企业在网络中曝光有利于企业获取更多外部融资机会，但影响力与融资约束相关性并不显著。综上所述，网络舆情的部分属性会发挥作用影响企业的融资约束，净资产利润率、现金净流量、企业年龄与融资约束产生显著负相关，初步表明文娱企业的内部融资能力越强则越能有效缓解文娱企业面临的融资约束，而企业上市年限越久则融资渠道通常越稳定，融资约束的限制就越小。

投资者反应与企业价值相关系数为0.474，在1%水平上显著，这表明对于投资者反应与企业价值显著正相关，投资者反应高涨则能带动股价变化进而改变企业价值。投资者反应与网络舆情情感的相关系数为0.311，均在1%水平上显著，表明企业的正面舆情能带动投资者的交易活跃性，而负面舆情则会抑制投资者的投资行为，使股价进入下跌通道，失去流动性。同时，投资者反应与当前主流网络舆情的主要情感方向保持一致，体现了二者的一致性，投资者会根据网络舆情的走势来改变其投资行为，情感值的水平越高越能带动投资者反应的提升；网络舆情规模与投资者情绪的相关系数为0.158，在1%水平上显著，表明网络舆情规模越大则越能带动投资者情绪。综上所述，网络舆情的部分属性会发挥作用并影响投资者情绪。企业规模、净资产利润率、营业额等与投资者情绪产生显著负相关，可能是由于投资者普遍看好业绩较好的文娱企业的股票收益率，因此在投资行为上较为谨慎，并不会进行频繁交易。

公司声誉与企业价值相关系数为 0.375，在 1% 水平上显著，这表明企业声誉与企业价值呈现显著正相关。公司声誉与网络舆情情感的相关系数为 0.253，网络舆情情感与公司声誉产生显著正相关影响，表明网络舆情的正向情感越丰富则越能够提升公司声誉，反之则降低公司声誉。网络舆情规模与公司声誉的相关系数为 0.132，表明网络舆情规模越大则越能提高声誉对企业带来的影响。综上所述，公司声誉在一定程度上与网络舆情具有相关性，并且净资产利润率、现金净流量、营业额与企业声誉产生显著正相关，初步表明文娱企业的企业声誉能够带动企业效益的变化。

企业规模与企业价值的相关系数为 0.554，在 1% 水平上显著，表明企业的规模效应能够显著提高企业的内外部价值。企业规模和网络舆情情感的相关系数为 0.223，均在 1% 水平上显著，考虑到正面与负面网络舆情属于此消彼长的关系，企业的评价越正面则网络中负面的声音越少，表明规模越大的企业相关正常讨论的网络舆情越多，而企业在正常经营过程中所产生的负面舆论较少。企业规模与网络舆情规模的相关系数为 0.111，在 5% 水平上显著，则说明企业规模越大受到的网民关注度越高，能够激发更多讨论的声音。企业规模与网络舆情影响力则不相关。因此，企业规模与企业价值呈现显著的相关性同时，也与网络舆情呈现一定的相关性，并且，企业规模与资产负债率、净资产利润率、营业额也都显著正相关，表明企业规模越大则其营收能力越强。

此外，为了检验是否存在多重共线性，对变量的 VIF 值进行检验，变量 VIF 值均小于 10，平均 1.7，表明变量之间不存在多重共线性问题。

7.3 回归分析与假设检验

7.3.1 网络舆情对企业价值影响的回归分析与假设检验

（1）回归分析

表7-3显示了网络舆情情感、网络舆情规模、网络舆情影响力与企业价值的回归结果。

表7-3 变量回归结果

	（1）TQ	（2）TQ	（3）TQ	（4）TQ	（5）TQ	（6）TQ	（7）TQ
EI	0.207** （3.256）	0.225** （3.744）					0.168** （2.081）
SI			0.264** （5.485）	0.213** （5.544）			0.103** （1.381）
FI					−0.066 （−1.327）	−0.004 （−0.107）	−0.016 （−0.404）
Lev		−0.259** （−6.184）		−0.247** （−5.911）		−0.238** （−5.483）	−0.256** （−6.079）
ROE		0.043** （1.026）		0.064** （1.455）		0.058** （1.328）	0.044* （1.059）
Growth		0.004 （0.106）		0.006 （0.170）		0.002 （0.041）	0.004 （0.106）
Cash		0.011 （0.269）		0.006 （0.147）		0.003 （0.076）	0.011 （0.256）
Lnsales		−0.097** （−1.762）		−0.106** （−1.922）		−0.094** （−1.644）	−0.101** （−1.833）
Cons	2.096** （20.331）	16.219** （16.401）	2.221** （20.888）	15.773** （15.932）	2.747** （21.747）	15.985** （15.548）	16.022** （16.108）
N	404	404	404	404	404	404	404
R2_a	0.043	0.381	0.067	0.379	0.041	0.371	0.381
F	9.957**	37.263**	10.443**	42.117**	9.901**	35.012**	30.048**

注：*相关性在0.05水平上显著，**相关性在0.01水平上显著。

列（2）在列（1）基础上加入控制变量后回归结果显示网络舆情情感回归系数为0.225，在1%上显著，表明企业的网络舆情情感对企业价值的变化存在作用，并且企业的正面网络舆情舆情情感越高则企业价值越高，反之越低。说明网民对企业的正面评价越高则文娱企业的价值增强动力就充足，同时，由于文娱企业具有较多轻资产，如旗下艺人、影视作品等，正面的网络舆情能够给产品带来额外的流量效应增加资产价值，进而带动企业价值的增加，因此验证了假设1-1。

从列（3）、（4）可以看出，网络舆情规模与企业价值的回归系数分别为0.264、0.213，并且在1%水平上显著，这说明网络舆情的规模越大，企业的评估价值越高。网络舆情规模代表公众在网络中对企业的讨论程度，一般拥有着越大体量的企业将拥有更多的话题点，并且公众讨论产生的话题能够为企业带来更多的流量效应，对文娱企业来说也是增强企业价值的一条路径，并且考虑到股民投资者也在网络舆情受众的范畴内，因此从长期来看，获得更多曝光机会和讨论话题的企业能够获取更多的行业优势，有利于其股票流动性，促进企业实现价值创造，因此假设1-2得到验证。

列（5）、（6）显示，网络舆情影响力与企业价值的回归系数为负，但不显著，这表明网络舆情的影响力并不能够为企业价值的增长带来动力。本书认为网络舆情影响力更多地受到网民身份异质性的影响，即便具有高影响力的网络用户发表网络舆情但对整体网络舆情的引导性还不够强，并不能引导整体网民对企业预期看法的改变，因此假设1-3未通过检验。

列（7）显示，在加入三个网络舆情指标后，网络舆情情感、规模与企业价值的影响依然显著，影响力对企业价值的影响依然不显著，并且，规模指标的加入扩大了负面网络舆情的影响效果，表明规模能够扩大负面网络舆情对企业的破坏能力。网络舆情是公众能够了解企业的最直接渠道，一旦负面舆情肆意传播，将对企业的显性和隐性价值造成极为严重的影响。

各模型中控制变量的回归结果见表7-3。

（2）稳健性检验

为验证实证结果稳健性，本章采取变量替换法对实证结果稳健性进行检验。更换被解释变量的衡量指标的方式，考虑到本书结果中网络舆情影响力对企业价值的影响并不显著，因此参考王晰巍、张柳等学者的方法将本书网络舆情情感与规模两个指标整合，将正面情感网络舆情的数量赋值为正数 EIPN，将负面情感网络舆情的数量赋值为负数 EINN，此时，指标既能衡量网络舆情情感的方向，也能表示网络舆情的规模。参考黄微的方法将网络舆情影响力指标的衡量变更为网络舆情参与用户的认证等级（Cer）表示，将微博用户认证等级根据无认证、实名认证、官方认证用 0，1，2 表示，然后将企业每个季度中发布网络舆情的用户认证指数相加得到该季度中的网络舆情影响力。变量替换后回归分析结果见表 7-4。

表7-4　　　　　　　　　　　　替换变量回归结果

	(1) TQ	(2) TQ	(3) TQ	(4) TQ
EIPN	0.378** (1.718)	0.309** (1.443)		
EINN	−0.201** (−1.107)	−0.199** (−0.905)		
Cer			−0.231 (−1.697)	−0.151 (−1.187)
Lev		−0.101 (−0.439)		−0.092 (−0.427)
ROE		0.193** (1.235)		0.213** (1.456)
Growth		−0.132 (−0.935)		−0.201 (−1.463)
Cash		0.063 (0.361)		0.173 (1.033)
Lnsales		−0.544** (−2.347)		−0.476** (−2.004)

续表

	(1) TQ	(2) TQ	(3) TQ	(4) TQ
Cons	2.116** (6.836)	14.343** (3.428)	1.842** (12.410)	10.187** (3.047)
N	404	404	404	404
R2_a	0.357	0.671	0.351	0.634
F	10.677**	22.241**	10.881**	23.377**

注：*相关性在0.05水平上显著，**相关性在0.01水平上显著。

从表7-4中结果可以看出，列（2）是在列（1）基础上加入控制变量后的正、负情感网络舆情数量与企业价值的回归结果，结果显示正、负网络舆情数量在1%水平上显著，且正向数量的网络舆情越多则越能增加企业价值，反之负面网络舆情数量越多则越能够降低企业价值，表明网络舆情的正面情感强度与规模越大则对企业价值的提升起到积极作用，反之则会降低企业价值，与原实证结果保持一致，进一步验证了网络舆情的情感与规模会明显影响企业价值。列（3）与列（4）结果显示，网络舆情用户的身份异质性未能通过显著性检验，这表明网络舆情发布用户的影响力并不能对企业价值的增减起到作用，与网络舆情影响力与企业价值的假设检验结果相同。以上稳健性检验支持了本章的结论，即假设1-1、假设1-2成立，假设1-3未能通过验证。具体回归结果见表7-4。

同时，考虑到网络舆情传播效应的持续性影响，可能会对后续企业经营与价值造成改变，对于网络舆情传播影响企业价值的滞后效应也需要进行检验，确保本书结果的准确性。因此将企业价值滞后一期，利用滞后检验来验证网络舆情对企业价值的延续性影响。从表7-4中可以看出，网络舆情情感、规模与滞后一期的企业价值的相关系数为0.241、0.247，在1%水平上显著，符号也未发生改变，网络舆情传播影响力与滞后一期的企业价值间关系依然不显著，滞后检验结果与前文验证结果保持一致，进一步表明本书结论的有效性，回归结果见表7-5。

表7-5　　　　　　　　　　变量回归结果

	（1） TQ	（2） TQ	（3） TQ	（4） TQ
EI	0.241**			0.229**
	(3.891)			(2.385)
SI		0.247**		0.253**
		(5.318)		(2.884)
FI			−0.014	−0.021
			(−0.298)	(−0.431)
Lev	−0.294**	−0.281**	−0.278**	−0.283**
	(−5.731)	(−5.581)	(−5.293)	(−5.553)
ROE	0.021	0.032	0.032	0.029
	(0.398)	(0.632)	(0.601)	(0.569)
Growth	0.019	0.017	0.014	0.017
	(0.398)	(0.368)	(0.286)	(0.378)
Cash	0.111*	0.109*	0.121*	0.108*
	(2.246)	(2.231)	(2.362)	(2.202)
Lnsales	−0.301**	−0.275**	−0.304**	−0.277**
	(−5.894)	(−5.453)	(−5.831)	(−5.426)
Cons	7.061**	6.793**	6.771**	6.821**
	(9.465)	(9.271)	(8.884)	(9.177)
N	365	365	365	365
R2_a	0.209	0.228	0.167	0.223
F	14.704**	18.897**	13.163**	12.639**

注：*相关性在0.05水平上显著，**相关性在0.01水平上显著。

7.3.2　融资约束在网络舆情影响企业价值中作为中介变量的回归分析与假设检验

（1）回归分析

表7-6显示了网络舆情情感、规模、影响力和融资约束与企业价值的回归结果。

表7-6

变量回归结果

	(1) TQ	(2) FCI	(3) TQ	(4) FCI	(5) TQ	(6) FCI	(7) TQ	(8) FCI	(9) TQ
FCI	-0.682** (-11.721)		-0.641** (-11.511)		-0.572** (-10.352)		-0.680** (-11.556)		-0.613** (-11.441)
EI		-0.114** (-2.235)	0.237** (5.643)					-0.113** (-2.216)	0.117** (2.721)
SI				-0.143** (-2.804)	0.242** (5.979)			-0.113** (-2.215)	0.145** (3.452)
FI						-0.061 (-1.292)	-0.016 (-0.397)	-0.069 (-1.453)	-0.019 (-0.493)
Age	-0.091** (-2.187)	-0.189** (-3.792)	-0.144** (-3.380)	-0.192** (-3.858)	-0.153** (-3.604)	-0.189** (-3.813)	-0.087** (-2.015)	-0.203** (-4.023)	-0.151** (-3.506)
ROE	0.132** (3.216)	-0.142** (-2.996)	0.146** (3.620)	-0.141** (-2.976)	0.151** (3.752)	-0.144** (-3.048)	0.145** (3.476)	-0.148** (-3.119)	0.146** (3.640)

续表

	(1) TQ	(2) FCI	(3) TQ	(4) FCI	(5) TQ	(6) FCI	(7) TQ	(8) FCI	(9) TQ
Growth	0.011 (0.275)	0.036 (0.775)	0.001 (0.031)	0.038 (0.816)	0.001 (0.029)	0.039 (0.831)	0.005 (0.112)	0.035 (0.754)	0.001 (0.023)
Cash	0.11 (0.258)	-0.106* (-2.089)	0.008 (0.194)	-0.103* (-2.037)	0.012 (0.241)	-0.103* (-2.028)	0.018 (0.405)	-0.104* (-2.052)	0.009 (0.209)
Lnsales	0.156** (2.337)	0.316** (4.588)	-0.046 (-0.771)	0.315** (4.572)	-0.053 (-0.893)	0.316** (4.589)	-0.062 (-1.005)	0.313** (4.548)	-0.049 (-0.834)
Cons	16.914** (15.606)	53.636** (7.256)	17.291** (15.318)	53.687** (7.308)	16.943** (15.126)	54.245** (7.357)	16.570** (14.116)	53.567** (7.209)	17.082** (15.078)
N	404	404	404	404	404	404	404	404	404
R2_a	0.635	0.379	0.638	0.391	0.634	0.382	0.612	0.388	0.637
F	32.735**	8.269**	30.124**	9.488**	33.244**	9.053**	29.418**	9.142**	24.342**

注：*相关性在0.05水平上显著，**相关性在0.01水平上显著。

列（1）报告了融资约束与企业价值间影响的回归结果，回归系数为-0.304，在1%水平上显著，表明融资约束越强则对企业价值的限制越大，验证了假设2-4。列（2）、（4）、（6）分别报告了网络舆情情感、规模、影响力与融资约束影响的回归结果：融资约束与网络舆情情感的相关系数为-0.114，在1%水平上显著，表明负面网络舆情越多则融资约束作用越强，正面网络舆情越多则越能缓解融资约束；融资约束与网络舆情规模的相关系数为0.143，在1%水平上显著，表明网络舆情规模越大则会降低企业的融资约束，可能是由于规模会增加企业的曝光概率，消除企业与市场投资者和消费者间的信息不对称从而缓解融资约束；网络舆情影响力对融资约束的相关系数为负，但并不显著，表明网络舆情影响力高并不代表会对投资者造成影响，可能是由于影响力大的网络舆情并不一定会得到较广的传播，因此不会影响企业的融资能力。列（8）为网络舆情情感、规模、影响力和融资约束的综合影响，在加入网络舆情情感后网络舆情规模的影响系数更大，说明网络舆情情感会加强网络舆情规模对融资约束的影响。因此，网络舆情情感、规模会显著影响文娱企业的融资能力。当关于企业的负面评价越多，会改变投资者对企业预期的看法并进而影响其投资行为，限制企业的内外部融资能力，反之则会缓解企业的融资约束，而网络舆情影响力则并不会对企业融资造成困扰。因此，验证了假设2-1、假设2-2，而假设2-3则未通过检验。

列（3）、（5）、（7）分别报告了在加入融资约束后网络舆情情感、规模、影响力对企业价值影响的回归结果，可以看到，各列中融资约束与企业价值的回归系数均为负，且都在1%水平上显著。企业的经营与发展离不开资金的加持，充足的资金流可以为企业扩大生产、提高产品质量、加强研发等提供动力，而当企业面临融资约束时则无法实现企业规模的有效扩张，长时间缺乏资金周转则会损害企业的实际价值。由列（9）可知，根据温忠麟（2005）中介效应分析法，网络舆情情感、规模与融资约束间影响均显著，融资约束与企业价值间影响同样显著，且基于第4章研究结论，网络舆情情感及规模与企业价值的回归系数分别为0.225、-0.213，其绝对值均小于本章中加入融资约束后网络舆情情感及规模与企业价值的回归系数0.237、-0.242，表明加入融资约束后加强了网络舆情情感、规模对企业价值的影响，融资约束发挥了中介效应。但由于网络舆情影响力与融资约束间影响不显著，融资约束发挥部分中介效应，因此实证结果验证了假设2-5部分通过验证。融资约束会对企业价值的增值产生负面作用，且融资约束在网络舆情影响企业价值的过程中发挥中介作用，属于网络舆情影响企业价值的路径之一。具体回归结果见表7-6。

（2）稳健性检验

变量测度误差会导致结论偏误，因此本书对融资约束变量进行替换重新带入模型进行检验。借鉴前人研究（姜付秀等，2016），采用SA指数代替FCI作为融资约束的度量，该指数由企业外生规模sizew和公司年龄age两个变量构成，该指数得到的融资约束评价结论相对稳健。SA指数构建如下：

$$SA = -0.737sizew + 0.043sizew^2 - 0.04age$$

其中，sizew=Ln（企业资产总额/100万），age为公司上市年限，由此计算出该指数为负，且绝对值越大则企业融资约束越严重。控制变量将企业年限age与企业规模size更换为企业成长性salegr和资产负债率Lev。

列（1）结果表明替换后的融资约束依然会影响企业价值，回归系数符号方向不变。列（2）、（4）、（6）为网络舆情情感、规模、影响力与新的融资约束变量SA的回归结果，可以看出，网络舆情情感、规模与融资约束的影响依然显著，回归系数符号没有改变，网络舆情影响力与融资约束的影响并不显著。列（8）为网络舆情情感、规模、影响力和融资约束SA的综合影响，网络舆情情感、规模依然对融资约束发挥缓解作用，并且网络舆情在规模变量的加入后回归系数变大，表明负面网络舆情的规模越大则对文娱企业的融资约束越强。以上检验与本章前文研究结论相同。

列（3）、（5）、（7）分别报告了企业在加入融资约束后网络舆情情感、规模、影响力对企业价值影响的回归结果，在更换融资约束度量后的变量与企业价值间的影响依然显著，通过中介效应检验法，列（9）在加入融资约束SA之后网络舆情情感、规模、影响力与企业价值的回归结果依然成立。变量回归结果见表7-7，本书在此不再赘述。

表7-7

变量回归结果

	(1) TQ	(2) SA	(3) TQ	(4) SA	(5) TQ	(6) SA	(7) TQ	(8) SA	(9) TQ
SA	-0.134** (-3.289)		-0.193** (-4.196)		-0.205** (-4.556)		-0.140** (-3.574)		-0.204** (-4.435)
EI		-0.178** (-3.634)	0.277** (5.894)					-0.192** (-3.765)	0.139** (2.957)
SI				-0.234** (-4.544)	0.265** (5.878)			-0.225** (-4.327)	0.164** (3.685)
FI						-0.092 (-1.903)	-0.015 (-0.369)	-0.093 (-1.977)	-0.011 (-0.264)
SaleGr	-0.562** (-10.081)	-0.011 (-0.193)	-0.419** (-8.899)	-0.007 (-0.123)	-0.406** (-8.739)	-0.034 (-0.586)	-0.425** (-8.683)	-0.011 (-0.171)	-0.412** (-8.829)
Age	0.319** (7.251)	0.093 (1.805)	0.306** (7.075)	0.086 (1.688)	0.291** (6.818)	-0.084 (-1.585)	0.291** (6.455)	0.091 (1.776)	0.301** (6.951)
ROE	0.019 (0.441)	-0.091* (-1.765)	0.019 (0.445)	-0.086* (-1.688)	0.029 (0.707)	-0.091* (-1.727)	0.029 (0.646)	-0.098* (-1.914)	0.024 (0.560)

续表

	(1) TQ	(2) SA	(3) TQ	(4) SA	(5) TQ	(6) SA	(7) TQ	(8) SA	(9) TQ
Growth	0.029 (-0.601)	-0.039 (-0.830)	0.031 (0.784)	-0.032 (-0.674)	0.032 (0.818)	-0.028 (-0.586)	0.025 (0.612)	-0.041 (-0.860)	0.031 (0.798)
Cash	0.124** (3.141)	-0.012 (-0.251)	0.134** (3.238)	-0.003 (-0.051)	0.134** (3.247)	-0.016 (-0.309)	0.151** (3.451)	-0.008 (-0.157)	0.132** (3.189)
Lnsales	0.542** (10.523)	-0.285** (-4.823)	0.597** (11.783)	-0.267** (-4.500)	0.571** (11.291)	-0.311** (-5.125)	0.593** (11.128)	-0.267** (-4.497)	0.583** (11.409)
Cons	12.385** (10.061)	4.897** (25.436)	14.794** (12.643)	4.848** (25.248)	14.682** (12.685)	4.881** (24.756)	13.360** (11.085)	4.849** (25.191)	14.845** (12.671)
N	404	404	404	404	404	404	404	404	404
R2_a	0.634	0.372	0.634	0.367	0.635	0.375	0.633	0.395	0.639
F	24.103**	8.131**	24.124**	8.082**	24.233**	8.163**	24.109**	8.287**	24.621**

注：*相关性在0.05水平上显著，**相关性在0.01水平上显著。

7.3.3 投资者反应在网络舆情影响企业价值中作为中介变量的回归分析与假设检验

（1）回归分析

表7-8显示了网络舆情情感、规模、影响力和投资者反应与企业价值的回归结果。

列（1）显示了投资者反应与企业价值的回归结果，结果显示回归系数为-0.292，在1%水平上显著，表明投资者反应过高会导致企业价值的增值，投资者反应更能反映中小投资者的投资行为，换手率过高容易导致企业股价快速增长，验证了假设3-4。列（2）、（4）、（6）分别显示了网络舆情情感、规模、影响力与投资者反应的回归结果：投资者反应与网络舆情情感的相关系数为0.211，在1%水平上显著，表明正面情感网络舆情能够使投资者看好企业发展预期进而增加买多行为，而负面情感网络舆情多则代表企业股价有潜在的下跌风险，股票抛盘较重而承接盘较少，导致换手率在下跌过程中持续降低，投资者反应进一步下降。网络舆情规模与投资者反应的回归系数为0.109，在1%水平上显著，表明网络舆情规模越大则投资者股票交易越活跃，规模大说明股票市场的信息交换频繁，能够带动投资者反应的上涨。网络舆情影响力与投资者反应不相关，可能是由于网络舆情的影响力对投资者没有起到带动作用，投资者会结合自身认知判断网络舆情信息真假，影响力并不能改变投资者的投资行为。列（8）为网络舆情情感、规模、影响力和投资者反应的综合影响，网络舆情情感、规模与投资者反应的回归系数都会变大，并且也都呈现显著的影响，表明网络舆情规模与情感会相互促进，扩大对投资者反应的影响。因此综上所述，网络舆情情感与规模都会影响投资者反应，而网络舆情影响力则与投资者反应无关，因此，验证了假设3-1，假设3-2，而假设3-3未通过验证。

列（3）、（5）、（7）分别报告了加入投资者反应后的网络舆情情感、规模、影响力对企业价值影响的回归结果。从结果中可以看出，各列中投资者反应与企业价值的回归系数均为正，且都在1%水平上显著。投

表7-8　变量回归结果

	(1) TQ	(2) Sentiment	(3) TQ	(4) Sentiment	(5) TQ	(6) Sentiment	(7) TQ	(8) Sentiment	(9) TQ
Sentiment	0.292** (6.704)		0.297** (7.032)		0.325** (7.751)		0.292** (6.694)		0.323** (7.578)
EI		0.211** (3.196)	0.312** (4.311)					0.227** (3.301)	0.337** (4.767)
SI				0.109** (2.426)	0.240** (6.375)			0.348** (4.047)	0.230** (3.098)
FI						0.006 (0.128)	−0.021 (−0.506)	0.025 (0.565)	−0.023 (−0.620)
ROE	0.144** 3.660	−0.012 (−0.265)	0.141** (3.662)	−0.014 (−0.312)	0.142** (3.783)	−0.013 (−0.286)	0.143** (3.625)	−0.007 (−0.163)	0.141** (3.703)
SaleGr	0.031** 0.475	−0.003 (−0.033)	0.023 (0.363)	−0.001 (−0.019)	0.019 (0.294)	−0.005 (−0.064)	0.031** (0.448)	−0.002 (−0.023)	0.017 (0.267)

续表

	(1) TQ	(2) Sentiment	(3) TQ	(4) Sentiment	(5) TQ	(6) Sentiment	(7) TQ	(8) Sentiment	(9) TQ
Growth	0.031**	0.073**	0.027**	0.074**	0.028**	0.076**	0.030**	0.072**	0.029**
	(0.766)	(1.622)	(0.708)	(1.655)	(0.745)	(1.689)	(0.769)	(1.634)	(0.762)
Cash	0.032*	−0.008	0.021**	−0.001	0.019**	−0.007	0.032**	−0.005	0.019**
	(0.701)	(−0.146)	(0.454)	(−0.016)	(0.442)	(−0.125)	(0.705)	(−0.097)	(0.431)
Lnsales	−0.056**	−0.074**	−0.066**	−0.083**	−0.085**	−0.071**	−0.057**	−0.096**	−0.086**
	(−0.591)	(−0.679)	(−0.728)	(−0.773)	(−0.946)	(−0.651)	(−0.606)	(−0.894)	(−0.949)
Cons	12.723**	56.648**	12.926**	56.911**	12.162**	56.551**	12.705**	59.248**	12.194**
	(10.719)	(10.130)	(11.243)	(10.270)	(10.715)	(10.126)	(10.690)	(10.707)	(10.510)
N	404	404	404	404	404	404	404	404	404
R2_a	0.692	0.357	0.667	0.368	0.659	0.365	0.635	0.367	0.678
F	38.184**	13.062**	32.824**	15.879**	32.244**	14.821**	30.380**	15.732**	33.273**

注：*相关性在 0.05 水平上显著，**相关性在 0.01 水平上显著。

资者反应可以通过改变企业股价进而影响企业价值，投资者在资本市场上活跃的投资行为是企业股票价值变化的动力之一，而企业股价的增值则能够为企业带来额外的超额价值。从列（9）中结果可以看出，网络舆情情感、规模与投资者反应间影响均显著，而投资者反应与企业价值间也存在影响作用，基于中介效应分析法，第4章与本章的网络舆情情感、规模与企业价值的回归系数分别为0.225、-0.213，绝对值均小于本章在加入投资者反应后的回归系数0.312、-0.240，说明在网络舆情影响企业价值的路径中，投资者反应发挥了中介效应，因此本章实证结果验证了假设3-5部分通过验证。具体回归结果见表7-8。

（2）稳健性检验

对于投资者反应的中介效应的稳健性检验，本书将投资者反应变量指标进行替换重新带入模型进行检验。投资者反应指标通常来源于金融市场信息，通过投资者的交易行为和市场反应表现了投资者反应，因此本书借鉴Baker（2004）的方法，以企业股票每个季度的成交量（Volume）的自然对数作为替换变量，成交量高则表示投资者的交易行为活跃，间接反映了投资者的交易情绪。

列（1）结果表明替换变量后的投资者情绪依然会影响企业价值，回归系数符号方向不变。

列（2）、（4）、（6）为网络舆情情感、规模、影响力与新的投资者反应变量（Volume）的回归结果，可以看出，网络舆情情感、规模对投资者反应的影响依然显著，回归系数的符号没有改变，而网络舆情影响力与投资者反应的影响依然不显著。列（7）为网络舆情情感、规模、影响力和投资者反应（Volume）的综合影响，当综合考虑网络舆情情感与规模的情况下，二者能够相互促进，从而扩大对投资者反应的影响。以上检验与本章前文研究结论相同。

列（3）、（5）、（7）分别报告了在加入新的投资者反应变量后网络舆情情感、规模、影响力对企业价值影响的回归分析结果，结论显示网络舆情情感与规模对企业价值依然显著，影响力并不影响企业价值，列（9）显示在投资者反应加入后，网络舆情情感、规模与企业价值的影响不变。变量回归结果见表7-9。

表7-9

变量回归结果

	(1) TQ	(2) Volume	(3) TQ	(4) Volume	(5) TQ	(6) Volume	(7) TQ	(8) Volume	(9) TQ
Volume	0.116** (2.594)		0.118** (2.701)		0.116** (2.582)		0.117** (2.647)		0.117** (2.642)
EI		0.125** (1.410)	0.216** (4.133)					0.095** (0.984)	0.121** (1.436)
SI				0.207** (2.236)	0.204** (6.375)			0.186** (2.044)	0.117** (1.506)
FI						0.020 (0.440)	−0.021 (−0.519)	0.014 (0.296)	−0.032 (−0.780)
ROE	0.133 (3.175)	−0.137** (−2.947)	0.143** (3.506)	−0.136** (−2.939)	0.146** (3.611)	−0.135** (−2.913)	0.147** (3.498)	−0.137** (−2.939)	0.142** (3.491)
SaleGr	0.032 (0.467)	−0.018 (−0.231)	0.022 (0.327)	−0.019 (−0.244)	0.019 (0.278)	−0.020 (−0.262)	0.028 (0.401)	−0.021 (−0.266)	0.017 (0.254)

续表

	(1) TQ	(2) Volume	(3) TQ	(4) Volume	(5) TQ	(6) Volume	(7) TQ	(8) Volume	(9) TQ
Growth	-0.002 (-0.059)	0.046 (1.008)	-0.005 (-0.122)	0.046 (1.008)	-0.004 (-0.092)	0.046 (1.014)	-0.008 (-0.188)	0.046 (1.006)	0.005 (0.126)
Cash	0.031** (0.629)	-0.001 (-0.013)	0.018** (0.379)	-0.001 (-0.020)	0.019** (0.407)	-0.001 (-0.008)	0.031** (0.629)	-0.001 (-0.004)	0.017** (0.367)
Lnsales	-0.040 (-0.426)	-0.323** (-2.909)	-0.042 (-0.435)	-0.324** (-2.924)	-0.057 (-0.584)	-0.325** (-2.933)	-0.035 (-0.348)	-0.330** (-2.963)	-0.053 (-0.545)
Cons	17.925 (17.169)	12.059** (11.018)	16.565** (15.083)	12.037** (11.025)	16.175** (14.778)	12.050** (11.036)	16.288** (14.414)	12.197** (11.049)	16.344** (14.801)
N	404	404	404	404	404	404	404	404	404
R2_a	0.673	0.319	0.643	0.318	0.672	0.319	0.636	0.322	0.617
F	29.972**	8.283**	26.285**	8.297**	29.797**	8.283**	24.952**	8.495**	21.857**

注:*相关性在0.05水平上显著，**相关性在0.01水平上显著。

7.3.4 企业规模在网络舆情影响企业价值中作为调节变量的回归分析与假设检验

（1）回归分析

从表7-10回归结果中可以看出，企业规模与企业价值的回归系数的符号均为负，则证明企业规模越大越不利于企业价值的增值。根据网络舆情与企业价值的直接影响研究中的R2_a分别为0.381、0.379、0.371，从表7-10的回归结果来看，在加入企业规模与网络舆情各属性交乘项变量后，R2_a分别为0.417、0.417、0.378，皆大于此前实证二者直接影响时的R2_a，因此表明企业规模具有显著的调节作用，可以作为调节变量。同时，企业规模与网络舆情情感的交乘项系数为-0.518，在1%水平上显著为负，表明企业规模会在网络舆情情感影响企业价值的关系中产生一定的调节作用，且网络舆情情感系数为0.301，而交乘项系数符号与其系数符号相反，企业规模的调节作用改变了自变量与因变量之间的符号，则表明随着企业规模的增大，将改变网络舆情情感对企业价值影响的方向，正面网络舆情对企业价值的提升作用将降低，负面网络舆情对企业价值减值作用将减小，因此假设4-1通过检验。同理，企业规模与网络舆情规模交乘项系数为-0.865，在1%水平上显著为负，网络舆情规模系数为0.642，符号为正，与交互项符号相反，则表明企业规模会降低网络舆情曝光度带来的企业价值提升能力，假设4-2通过检验。企业规模与网络舆情规模交乘项系数为0.052，网络舆情影响力系数-0.056，回归结果显示二者关系不显著，因此假设4-3未通过检验。具体回归结果见表7-10。

（2）稳健性检验

考虑到网络舆情不仅影响当期企业价值与企业规模，根据一般网络舆情事件的生命周期来看，事件传播效力通常在一周内达到顶峰，在一至三个月内逐渐趋平，因此，网络舆情的影响也会延续至下一季度，对

表7-10 变量回归结果

	TQ		
	（1）	（2）	（3）
EI	0.301** (0.335)		
SI		0.642** (0.719)	
FI			−0.056 (−0.062)
Size	−0.549** (−6.630)	−0.506** (−5.698)	−0.593** (−10.596)
Size*EI	−0.518** (−0.574)		
Size*SI		−0.865** (−0.958)	
Size*FI			0.052 (0.057)
Lev	−0.253** (−6.059)	−0.244** (−5.849)	−0.238** (−5.466)
ROE	0.047 (1.115)	0.053 (1.259)	0.058 (1.322)
Growth	0.007 (0.188)	0.006 (0.168)	0.002 (0.041)
Cash	−0.007 (−0.163)	−0.004 (−0.088)	0.003 (0.077)
Lnsales	0.094 (1.687)	0.101 (1.788)	0.094 (1.635)
Cons	15.286** (8.321)	14.115** (7.074)	16.007** (14.587)
N	404	404	404
R2_a	0.417	0.417	0.378
F	37.041**	36.961**	30.558**

注：*相关性在0.05水平上显著，**相关性在0.01水平上显著。

后续会计周期中企业的企业规模和企业价值造成影响。因此将企业价值滞后一期，通过检验企业规模在网络舆情后续影响对企业价值改变的过程中的调节作用，来验证企业规模调节作用的稳健性。

从表 7-11 回归结果中可以看出，网络舆情情感、规模和企业规模的交乘项与企业价值的回归系数分别为 -0.649、-0.625，在 1% 水平上显著，网络舆情影响力与企业价值的回归系数为 0.083，回归结果显示不显著，表明企业规模在网络舆情情感、规模影响企业价值中依然起到调节作用，对网络舆情影响力依然不起调节作用。并且，从网络舆情情感、规模与其交乘项符号相反，负情感与其交乘项符号相同，表明企业规模依然在网络舆情情感、规模影响企业价值中起到抑制作用，对负面网络舆情起到提升作用，继续验证了假设 4-1、假设 4-2，而假设 4-3 依然未通过检验，稳健性检验结果与前文回归分析结果相同，表明结论可靠。回归结果见表 7-11。

表7-11　　　　　　　　　　　变量回归结果

	TQ		
	（1）	（2）	（3）
EI	0.341** (4.012)		
SI		0.398** (4.795)	
FI			-0.074 (-0.861)
Size	-0.528** (-6.148)	-0.521** (-5.641)	-0.588** (-9.932)
Size*EI	-0.649** (-10.141)		
Size*SI		-0.625** (-8.765)	
Size*FI			0.083 (1.804)

续表

	TQ		
	（1）	（2）	（3）
Lev	−0.246** （−5.494）	−0.238 （−5.348）	−0.236 （−5.061）
ROE	0.042 （0.937）	0.052 （1.171）	0.055 （1.178）
Growth	0.013 （0.325）	0.011 （0.281）	0.008 （0.179）
Cash	−0.011 （−0.249）	−0.009 （−0.208）	−0.005 （−0.101）
Lnsales	0.118* （1.998）	0.124* （2.106）	0.113* （1.851）
Cons	13.936** （7.341）	13.691** （6.741）	15.137** （13.376）
N	365	365	365
R2_a	0.398	0.405	0.354
F	31.137**	31.998**	25.915**

注：*相关性在0.05水平上显著，**相关性在0.01水平上显著。

7.3.5 公司声誉在网络舆情影响企业价值中作为调节变量的回归分析与假设检验

（1）回归分析

从表7-12的回归结果来看，公司声誉与企业价值的回归系数的符号均为正，则表明公司声誉越好则越有利于企业价值的增值。在加入公司声誉与网络舆情各属性交乘项变量后，R2_a分别为0.391、0.394、0.317，其中情感、规模交乘项变量值大于此前实证直接影响时的R2_a，但影响力交乘项变量的值则小于该值，表明公司声誉在网络舆情情感、规模影响企业价值的过程中起到了调节作用，可以作为调节变量，而在网络舆情影响力影响企业价值的路径中没有起到调节作用，并且回归结果也显示网络舆情影响力与企业价值关系不显著。公司声誉与网络舆情情感的交乘项系数为-0.244，在1%水平上显著，表明公司声誉起到了调节作用，网络舆情情感的系数为0.209，则说明企业声誉在正面舆情影响企业价值的过程中降低了声誉带来的积极作用，即声誉越好的企业其正面网络舆情为其带来的企业价值增长效果越小，受到负面舆情的影响越大，对企业价值的影响也越大。公司声誉与网络舆情规模的交乘项系数为-0.367，在1%水平上显著为负，表明公司声誉也同样起到了调节作用，网络舆情规模的系数为0.303，符号相反，则表明公司声誉限制了网络舆情规模对企业价值的增值效果，声誉越高的上市公司则大规模网络舆情带来的曝光度越低。综上所述，假设5-1、假设5-2通过检验，而假设5-3则未通过检验。具体回归结果见表7-12。

表7-12 变量回归结果

	TQ		
	（1）	（2）	（3）
EI	0.209** (3.813)		
SI		0.303** (5.677)	
FI			-0.024 (-0.324)
St	0.428** (5.435)	0.369** (4.648)	0.391** (7.407)
St*EI	-0.244** (-5.191)		
St*SI		-0.367** (-8.535)	

续表

	TQ		
	（1）	（2）	（3）
St*FI			0.002
			(0.031)
Lev	−0.259**	−0.252**	−0.242
	(−5.948)	(−5.914)	(−5.331)
ROE	0.039	0.041	0.048
	(0.891)	(0.962)	(1.064)
Growth	−0.019	−0.016	−0.022
	(−0.470)	(−0.403)	(−0.539)
Cash	0.082	0.076	0.096
	(1.964)	(1.848)	(2.201)
Lnsales	−0.182**	−0.143**	−0.188**
	(−3.995)	(−3.171)	(−3.978)
Cons	5.021**	4.601**	4.728**
	(7.125)	(6.671)	(6.461)
N	404	404	404
R2_a	0.391	0.394	0.317
F	30.596**	33.720**	24.423**

注：*相关性在0.05水平上显著，**相关性在0.01水平上显著。

（2）稳健性检验

将公司声誉与企业规模后置，从表7-12回归结果中可以看出，公司声誉与企业价值的回归结果均在1%水平上显著，上市公司的声誉能够为企业带来企业价值的提升。网络舆情传播情感、规模和公司声誉的交乘项与企业价值的回归系数分别为−0.451、−0.425，在1%水平上显著，网络舆情传播影响力与企业价值的回归系数为0.026，回归结果显示不显著，表明在网络舆情传播情感、规模影响企业价值中公司声誉依然起到调节作用，而对网络舆情传播影响力依然不起调节作用。同时，从网络舆情传播情感、规模与其交乘项符号皆相反，表明公司声誉均会降低网络舆情传播情感及规模对企业价值带来的影响，继续验证了假设5-1、假设5-2，而假设5-3依然未通过检验，稳健性检验结果与前文回归分析结果相同，表明结论可靠，回归结果见表7-13。

表7-13　　　　　　　　　　　变量回归结果

	TQ		
	（1）	（2）	（3）
EI	0.309** （6.778）		
SI		0.293** （4.751）	
FI			−0.021 （−0.322）
St	0.491** （5.268）	0.376** （3.801）	0.356** （6.322）
St*EI	−0.451** （−3.472）		
St*SI		−0.425** （−4.232）	
St*FI			0.026 （0.376）
Lev	−0.252** （−5.317）	−0.247** （−5.341）	−0.248** （−5.036）
ROE	0.041 （0.857）	0.043 （0.933）	0.046 （0.924）
Growth	−0.027 （−0.614）	−0.018 （−0.408）	−0.019 （−0.423）
Cash	0.087* （1.899）	0.079* （1.771）	0.094* （1.979）

续表

	TQ		
	（1）	（2）	（3）
Lnsales	−0.163 （−3.278）	−0.124 （−2.526）	−0.171 （−3.303）
Cons	4.473 （5.944）	4.163 （5.661）	4.349 （5.586）
N	365	365	365
R2_a	0.329	0.359	0.279
F	23.323**	26.496**	18.636**

注：*相关性在0.05水平上显著，**相关性在0.01水平上显著。

7.3.6 实证研究结论汇总

本章通过从网络舆情的三个维度：情感、规模、影响力的维度对企业价值的影响进行实证检验，并进一步验证融资约束、投资者反应在网络舆情影响企业价值中的中介作用，以及企业规模、公司声誉在网络舆情影响企业价值中的调整作用。本章对研究假设进行检验的汇总见表7-14。

表7-14 　　　　　　　　　　实证研究结论汇总表

编号	研究假设	检验结果	相关性
网络舆情对企业价值的直接影响			
H1-1	网络舆情情感对企业价值具有显著影响	通过	正向影响
H1-2	网络舆情规模对企业价值具有显著影响	通过	正向影响
H1-3	网络舆情影响力对企业价值具有显著影响	未通过	无影响
网络舆情影响企业融资约束			
H2-1	网络舆情情感对融资约束具有显著影响	通过	负向影响
H2-2	网络舆情规模对融资约束具有显著影响	通过	负向影响
H2-3	网络舆情影响力对融资约束具有显著影响	未通过	无影响

续表

编号	研究假设	检验结果	相关性
H2-4	融资约束对企业价值具有显著影响,融资约束越弱则企业价值越高,融资约束越强则企业价值越低	通过	负向影响
H2-5	融资约束在网络舆情影响企业价值中具有中介作用	部分通过	部分中介作用
网络舆情影响投资者反应			
H3-1	网络舆情情感对投资者反应具有显著影响	通过	正向影响
H3-2	网络舆情规模对投资者反应具有显著影响	通过	正向影响
H3-3	网络舆情影响力对投资者反应具有显著影响	未通过	无影响
H3-4	投资者反应对企业价值具有显著影响,投资者反应越低则企业价值越低,投资者反应越高则企业价值越高	通过	正向影响
H3-5	投资者反应在网络舆情影响企业价值中起到中介作用	部分通过	部分中介作用
企业规模对网络舆情影响企业价值的调节作用			
H4-1	企业规模在网络舆情情感对企业价值的影响中具有调节作用	通过	负向调节作用
H4-2	企业规模在网络舆情规模对企业价值的影响中具有调节作用	通过	负向调节作用
H4-3	企业规模在网络舆情影响力对企业价值的影响中具有调节作用	未通过	无影响
公司声誉对网络舆情影响企业价值的调节作用			
H5-1	公司声誉在网络舆情情感对企业价值的影响中具有调节作用	通过	负向调节作用
H5-2	公司声誉在网络舆情规模对企业价值的影响中具有调节作用	通过	负向调节作用
H5-3	公司声誉在网络舆情影响力对企业价值的影响中具有调节作用	未通过	无影响

7.4 结果讨论

基于 2018—2020 年中国 A 股上市的 37 家文娱企业财务数据及其网络舆情数据，通过实证研究，本书得出了以下结论。

7.4.1 网络舆情影响企业价值的研究结论讨论

网络舆情的不同维度对企业价值的影响具有差异性，以往研究多从网络舆情情感或规模的单一角度探讨网络舆情对企业价值的影响，基于的网络舆情数据多采用东方财富股吧等财经类论坛，但通常与股票市场高度相关的社交媒体的舆情与股价相关性太高，且所属领域局限在金融领域，并不能代表互联网中关于企业的整体舆情全貌（金雪军，2013）。因此本书以微博作为网络舆情数据获取平台抓取网络舆情数据作为研究数据，以此研究网络舆情对企业价值的影响。结果表明，网络舆情情感的方向决定了网络舆情对企业价值的增减，网络舆情情感越正面积极则越有助于提升企业价值，而负面网络舆情过多更容易引起舆情危机进而导致企业价值下降，这支持了魏杨（2013）、Klein 等（2004）、邓艳（2016）等的研究。网络舆情规模对企业价值的影响是显著正相关的，多数情况下网络舆情规模越大则代表企业受到社会关注度越高，规模形成的羊群效应能带动更多投资者与企业形成利益相关者，则企业知名度带来的企业价值增值是显而易见的，这也支持了 Wysocki（1998）、金雪军等（2013）、Davidson 等（1990）的研究结论。与前人研究不同的是，本书结论认为网络舆情影响力并不是影响企业价值的因素，本书对企业网络舆情的影响力的度量是从由网络舆情的传播水平以及发布者在社交平台中的影响力决定，指标大小是网民参与网络舆情讨论的程度的描述，但是参与群体与网络舆情影响力较大并不一定说明网络舆情会对企业造成更多影响，只能说明参与讨论的网民群体都是在网络中具有一定影响力的群体，他们有可能是持有与网络舆情观点相反的意见参与讨论。例如，关于企业的谣言在网络中传播较广，多数具有影响力的网民参与讨论和网络舆情传播，但是普遍认为网络舆情存在不实性、虚假性，此时网络舆情影响力指标较大，但是对于上市公司的企业价值的影响却较为有限，因为网络舆情传播的虚假观点并不能被企业投资者与债权人所接受，此时可以说网络舆情具有较强的影响力，但是没有对企业价值造成较大影响。因此网络舆情影响企业价值更多的是由情感与规模决定的。

7.4.2　网络舆情影响企业价值中的中介作用研究结论讨论

网络舆情是可以通过其他方式间接影响企业价值的。本书通过梳理文献总结出网络舆情最容易影响企业经营的两个方面：融资约束与投资者反应。行为金融理论指出投资者并非是完全理性的，其行为的成因是极其复杂的，受到投资者心理、情绪等多种因素影响。已有许多研究分析了网络舆情对个体及群体的影响方式与路径（刘毅，2007；宋姜，2019），结果都表明网络舆情是影响网络受众情绪、观点、心理的最主要推动力，因此网络舆情影响投资者与债权者对企业的认知是合理的，并且在认知改变后采取的具体行为会以改变企业经营环境的方式作用于企业导致企业价值变化。首先是网络舆情情感的方向导致银行等债权人对企业预期的变化会产生融资约束，正面积极的情感会加强债权人的心理预期，从而放宽对企业的融资束缚，相对应的负面舆情过多则增加债权人的怀疑并使企业的融资约束扩大。网络舆情规模的大小也代表了企业关注度，预期会带来企业经营环境的改善，也会导致债权人心理预期变化，并进而作用于企业的融资约束方面。同样的，网络舆情情感与规模也会对股市投资者的多空观点造成影响，网络是股市投资者获取信息最主要的渠道，网络舆情的变化最先影响的就是中小投资者的投资反应，并且网络舆情规模产生的羊群效应进一步带动了投资者的意愿。这表明融资约束与投资者反应在网络舆情情感与规模影响企业价值中发挥了中介效应。与上一点相同，网络舆情影响力对债权人与投资者的预期基本没有影响，影响力并不是企业利益相关者所能考虑的首要前提，并且结合整个网络舆情环境，相对于规模与情感，个体无法了解网络舆情的全面局势，因此很难感受到网络舆情影响力带来的反应，本书研究结论支持了张瑶（2021）、Mishra（2015）等人的研究结果。

7.4.3　网络舆情影响企业价值中的调节作用研究结论讨论

企业规模与公司声誉能够有效抵抗网络舆情风险。企业规模越大将拥有越多的财务柔性，融资能力更强且对资金的管理更为有效，应对环境风险的能力相对于规模小的企业明显更强（刘名旭等，2014），公司声誉则通过信号传递与约束了机会主义行为为企业提供更多机会，使企业能够以声誉为背书，向市场传递企业的价值信息，以此来吸引利益相关者的关注，获得更多融资机会，对于风险的抵抗能力则越强（Tadelis等，2002）。网络舆情风险已经成为当前企业不可忽视的一类风险，企业规模与声誉为企业带来更多的融资机会、财务容错与市场宽恕，能够有效抵消负面网络舆情导致的企业价值减值，相对应的，企业规模与声望越高则通过关注度、市场宣传带来正面网络舆情对企业利益相关者的影响就会更小，导致正面网络舆情为企业价值带来的增值减少。同样的，企业规模与声誉过高导致企业能够获取的通过知名度带来的额外盈利也就越少，重要事件的大范围传播对企业价值的影响也就越小，这也支持了刘名旭等（2014）、王满等（2016）、肖俊极等（2012）、Tadelis等（2002）的研究结果。网络舆情影响力的高低更多的是由网络舆情及其发布者的影响力决定的，并不代表情感立场与规模，因此网络舆情影响力对企业价值不产生影响，企业规模与声誉也就并不会对网络舆情影响力与企业价值间关系造成影响。综上所述，企业规模、公司声誉通过调节网络舆情情感、规模对企业价值的影响而起到中介作用。

7.5　本章小结

本章以前文研究为基础，根据各影响路径中回归分析结果对前文提出假设进行了逐一检验。首先，对网络舆情与企业价值影响进行分析并验证，结果表明，网络舆情情感、规模显著影响企业价值，并呈现正相关关系，而网络舆情影响力则不影响企业价值。然后，对网络舆情影响融资约束、投资者反应并进而影响企业价值进行检验，验证了融资约束与投资者反应的中介效应。结果表明，融资约束与投资者反应显著影响企业价值，并在网络舆情影响企业价值中发挥了中介效应。最后，验证企业规模与公司声誉在网络舆情影响企业价值过程中的调节作用，结果表明，企业规模与公司声誉能够显著调节网络舆情情感、规模对企业价值的影响，发挥了调节作用。在实证检验之后，通过替换变量、滞后检验等方法对检验结果进行稳健性检验，进一步验证了假设检验结果的可靠性。

第 8 章   结论与展望

8.1   研究结论

在互联网高速发展的大背景下，伴随着网络技术与智能设备的发展与普及，带动了社交媒体、自媒体的蓬勃发展，通过网络平台互联互通成为当前人们进行交流沟通的主要方式，网络舆情由此而产生。同时，金融市场的互联网化也导致投资者和网民这两者身份的高度重合，网络舆情对资本市场影响的传导作用越发明显，网络舆情逐渐成为影响企业价值的一个关键因素，既可以带动企业的网络营销而使企业获得超额营收，又能将企业负面新闻昭告天下使得企业股价闪崩。探究网络舆情对企业价值的影响，如何使企业合理利用网络舆情进行经营的同时规避网络舆情风险？如何使投资者利用网络舆情进行有效投资？政府如何有效管理网络舆情避免企业经营环境恶化？这些问题都使得网络舆情影响企业价值的研究成为理论与实务界亟待解决的焦点问题。目前学界多数研究聚焦于网络舆情直接影响企业价值的单一路径，而对于其他渠道网络舆情影响企业价值的路径探究不多；同时，对网络舆情指标构建的研究也不够深入，多利用网络舆情情感这个单一指标去分析其对企业价值的影响。从内容上看，本书主要进行了四方面研究：一是设计多指标网络舆情评价体系，除传统的网络舆情情感，将网络舆情规模和影响力综合纳入网络舆情影响企业价值的研究中；二是利用多学科方法结合的方式对网络舆情情感、规模、影响力指标进行量化，以更精准的方式展现网络舆情的具体影响；三是对全文进行系统的理论分析；四是除了研究网络舆情对企业价值的直接影响，将融资约束、投资者反应作为中介变量，将企业规模、公司声誉作为调节变量纳入研究，从多个渠道衡量网络舆情对企业价值的影响。

本书主要研究结论如下：

本书在综合前文研究基础上，以 37 家文娱企业作为研究样本，以网络舆情的情感、规模、影响力三个维度为基础，分析并验证网络舆情对企业价值的影响，并将融资约束与投资者反应纳入网络舆情影响企业价值的传导路径中，验证其是否在影响路径中起到中介效应。同时，将企业规模与公司声誉作为调节因素，验证其在影响路径中起到的调节作用。研究结果表明：一是网络舆情情感和规模能够显著影响企业价值，网络舆情影响力则对企业价值并不影响，表明随着互联网的发展，网民对传统的意见领袖效应的追逐正在弱化，网络理智性得到提升。二是网络舆情会引起企业的融资问题的产生与投资者反应的变化，并进而对企业价值造成影响。网络舆情情感、规模的扩大能够降低融资约束，并进而提升企业价值，网络舆情负面情感的扩大则能够显著提升融资约束，进而降低企业价值，网络舆情影响力则不影响融资约束；网络舆情情感、规模的扩大能够提升投资者反应，进而提升企业价值，网络舆情负面情感的扩大能够显著降低投资者反应，并进而降低企业价值，网络舆情影响力则不影响投资者反应。以上结论说明企业的网络舆情问题已经成为衡量企业综合经营水平的一个极其重要的指标。三是企业规模与公司声誉水平是上市公司抵抗网络舆情风险的重要因素，企业规模、公司声誉能够降低负面舆情对企业价值的负向影响，同时也会降低网络舆情情感、规模对企业价值的正向影响。网络舆情影响力对企业价值不影响，因此企业规模与公司声誉对网络舆情影响力与企业价值间关系不起到调节作用。以上结论说明企业规模与公司声誉能够化解更多舆情风险。

8.2 政策建议

（1）建议文娱行业上市公司与非上市公司建立现代企业网络舆情管理制度，提高舆情风险应对能力。

实证研究结果表明，网络舆情对文娱行业上市公司的企业价值能够造成显著影响。网络渠道作为现代文娱上市公司的另一条生命线，对企业的经营活动至关重要。因此企业特别是上市公司要完善自身的舆情管理制度，将互联网舆情管理作为日常工作，融入企业发展战略当中，结合企业业务、发展战略、日常经营建立完善的网络舆情管理部门和制度，这是保证企业在网络时代面临舆情危机时减少损失的关键因素。同时，应重视对负面舆情及其规模的扩大等情况的监测，需要加强企业的网络舆情监控能力，上市公司应重点关注网络舆情在股价上的反映，非上市公司应注意网络舆情对市场口碑及销售情况的影响。另外，文娱企业还应重视企业新闻宣传与舆情引导工作。网络舆情的规模是显著影响企业价值增长的重要因素，文娱企业可以根据公司的业务与产品特点进行新闻宣传，扩大正面网络舆情规模，增加企业在网络中的曝光度，通过新闻创造正面企业形象，经过网民转发后能够形成正面的舆论传播浪潮，对于企业应对舆情危机和提升企业价值具有重要的作用。同时也要注重与媒体保持良好关系，媒体作为最为重要的网络媒介之一，在正面宣传与负面舆情处置过程中能够发挥巨大作用，利用好媒体渠道也能提升网络舆情规模和正面情感，有效培养网络舆情的正面性。最后是结合企业自身框架与业务特点组建舆情管理团队，并建立舆情监控与处置机制，培养舆情管理员工的舆情处置与引导能力，加强企业管理者的舆论管理意识，重视网络舆情的重要性，提升员工舆情风险管理意识，避免因企业人员的负面消息将企业带入舆论中心。

（2）建议文娱行业上市公司建立科学规范的应急响应程序及时处置

舆情，避免舆情影响传导至企业利益相关者。

实证结果表明，网络舆情能显著影响企业债权人与投资者对文娱企业未来产品的盈利能力的心理预期，导致企业产生融资约束以及股价下跌等情况，进而影响企业价值。因此，建立完善的网络舆情应急预案来应对突发舆情，减少网络舆情对企业债权人、投资者、供应商、消费者等利益相关者的影响是企业抵抗网络舆情风险的关键。对于上市公司，资金相对充足，可以专门成立舆情管控部门或在公关部门中加入舆情处置权限，对于非上市公司，可以通过与外部舆情机构合作，将舆情处置工作外包给专业团队。当文娱企业旗下产品、子公司、人员等发生网络舆情危机时，舆情处置管理部门和公关部门需要迅速启动应急预案，责任部门发布官方通告；管理部门负责人第一时间发布公告向外界澄清，并与企业利益相关者进行情况说明澄清事实，避免其对企业的评价下降，引起企业融资困难和股价下降；舆情部门的联络员则迅速协调关系良好的媒体减少负面舆情的报道。这些都是网络舆情危机应急的可选预案，企业应重视网络舆情的破坏性，尽可能采取措施减少损失。同时，也要提高舆情监督水平，提升硬件并升级企业舆情的信息采集系统，丰富舆情信息来源渠道，以便能够在第一时间发现负面网络舆情，并结合网络舆情应急预案合理应对。

（3）建议文娱行业上市公司稳健经营，提升企业规模与公司声誉，提升网络舆情风险抵御能力。

实证研究结果表明，企业规模越大其财务柔性越强，能够抵抗负面舆情风险发生时衍生的财务风险；同理，企业的声誉越高，则市场各方对企业的宽容度也就越高，在舆情风险爆发时对企业价值的破坏力就会减弱。文娱行业的上市公司整体规模相较于生产企业较小，因此，保障企业声誉、提升企业规模是企业经营发展、抵抗网络舆情风险的必要方式。因此，文娱行业的上市公司应当积极做好经营，抓住市场变革机会，同步做好战略转型，可通过多方位布局、企业并购等方式扩大企业规模，积极开发融资渠道，扩大企业经营生产，从而实现企业规模的扩大。非上市公司应专注产品口碑营造，避免在核心业务方面出现负面事件，才能有效抵抗网络舆情风险。同时，要做好产品设计、生产、宣传等核心业务，将用户需求摆在首位，增加用户好感度，这同时也能提高公司声誉，加大力度做好网络营销与正面宣传。要从内部提升企业人员素质，树立正确的企业文化，减少经营、营销、生产和人员等方面的负面舆情产生，并要正视企业自身的负面舆情，出现问题要以真诚的态度解决实际问题，及时通过媒体或企业官方渠道发布通知公告来澄清事实，避免由于网民猜忌导致网络舆情情感进一步极端化及规模进一步发酵扩大，从而造成公司声誉的下降。

（4）建议政府完善相关法律法规，推动网民树立正确舆论道德观念，保护文娱行业上市公司网络营销环境。

从政府层面来看，上市公司作为实体经济"基本盘"，企业能否健康发展在很大程度上决定了当地的财政状况。文娱企业近年来负面新闻较多，网民对文娱行业的偏见使文娱行业更容易产生舆情事件。从本书结论也可以看出，企业的规模越大、声誉越高，则网络舆情对企业的影响越大。政府应维护企业的正常经营环境，企业的健康发展离不开公平健康的发展环境，网络环境也是企业经营环境的重要组成部分，因此维护企业网络舆情环境也是政府支持企业发展的重要途径。政府在舆情控制上具有天然的优势，对于文娱上市企业，政府要充分发挥网络舆情宣传引导作用，帮助企业大力宣传，树立我国企业的正面形象，讲好企业创新创业的优秀故事。对于非上市文娱企业，必要时给予文娱行业中小企业一定的声援，小型文娱企业普遍缺乏全网范围的传播能力，因此政府及时出面表态有助于澄清事件真相，避免在网络中对网络舆情误读误解，这样能够显著提高企业网络舆情在传播过程中的正面性与积极性。同时，政府部门应担负起媒体报道客观求实的引导责任和舆论监管的主体责任，特别是加强对互联网等新媒体舆情监管的探索，为企业营造良好的网络营销环境。同时，政府需要推动树立网民正确舆论道德理念，疏堵结合协助舆情监管机构做好道德建设。在舆情出现明显的负面情感倾向时配合舆情监管机构及时通过整改自身或引导舆情发展方向，疏堵结合来降低负面网络舆情对企业价值的不良影响；反之在舆情出现明显的正面情感倾向时可通过宣传扩大网络舆情规模，从而促进企业价值增长。同时公司还应注意自身企业规模和公司声誉在网络舆情影响企业价值中所起到的作用，做好自身建设，承担社会责任，协助构建良好的网络舆情环境。

此外，针对文娱行业公司网络舆情处于不同状态下的舆情风险应对措施提出建议对策：

第一，当网络舆情负面情感、规模、影响力都较高时，文娱行业公司首先应启动舆情专项监测，加大网络舆情监测力度，了解掌握舆情情况，判定舆情风险点，分析是否有企业负面事件在网络中爆发，并尽可能对负面舆情的源头进行溯源，准备随时启动舆情风险应急预案。同时，分析舆情演变趋势，结合网络舆情规模，当规模正在扩大时，要尽可能了解企业负面事件的原委，准备官方公告以备正面表态，并安排企业的法务部门准备应对舆情事件带来的法律风险。与企业相关的上下游供应商、银行、投资公司等积极沟通，如实告知事件实际情况，避免企业的利益相关者对企业产生猜忌，导致双方合作出现问题并影响到企业的经营。如果舆情事件涉及企业的经营问题，企业应做好信息披露，通过公开渠道对相关情况进行通告，消除股市投资者的疑虑，避免股价下跌。如果负面舆情传播难以控制，属地政府应当立刻介入协调帮助处理，避免舆情态势进一步恶化影响企业，向上级网监部门报送情况信息，请示舆情处置策略，并根据当前舆情形势与企业情况合理采取手段控制负面舆情继续扩散。

第二，当网络舆情负面情感较高同时规模或影响力也较大，则优先协调舆情热度较高的平台对文娱行业公司相关的网络舆情进行降温，降低热搜排名，从而控制网络舆情规模的继续增长。已有的负面网络舆情则协调平台采取沉帖处理，减少企业在网络中的曝光度。如果影响力更高，则通过渠道联系发布过于负面评论的重点人物，协调其删帖。或通过公关公司联系同样具有较高热度的用户，通过他们的渠道向网民传递正面信息，对冲当前舆情风险。同时应做好利益相关者沟通、信息披露、舆情监测等事项。政府应同步做好舆情监控，并向企业致函了解情况，做好舆情跟进处置的预案，当企业有需要时可提供适当帮助，为企业稳健经营伸出援手。

第三，当网络舆情负面情感较高而规模与影响力较小时，应收集整理网络舆情的相关数据，研判产生负面舆情的原因，有针对性地解决负面舆情出现的问题，避免网络舆情负面情感继续升高导致网络舆情规模与影响力的进一步扩大。同时文娱行业公司应关注好股市的情况，如负面舆情导致企业股价波动则应迅速做出反应，采取降热度、沟通、对冲、引导等一系列舆情处置措施。政府可选择性帮助企业开展正面舆情引导，借助政府网站等渠道发布企业服务社会的正面舆情引导文章，来对冲企业的负面网络舆情。

第四，当网络舆情正面情感较高时，应抓住提升企业价值的机会，扩大开展企业网络营销工作，扩大企业产品宣传，通过在网络、媒体、自媒体等渠道发布广告来充分利用正面舆情带来的舆论引导效果，提升企业在市场中的影响力与声誉。政府应帮助企业做好正面宣传，当地企业的企业价值提升有利于缓解地方政府财政困境，因此政府应该鼓励企业在正面舆情较多的时间窗口中及时开展网络宣传并提供适当帮助。

8.3 本书创新点

具体而言，本书的主要创新点如下：

（1）拓展了网络舆情对企业价值影响的研究维度与理论基础。投资者这个群体与企业之间天然存在信息差，当企业的相关信息在网络中得以披露，便形成了关于企业的网络舆情。而网络舆情经过传播，使其他网络受众接收到相关的观点、意识的信号，便会自发形成群体性观点，当群体性观点偏向于某种情绪，则会对企业造成相应的影响。本书从网络舆情影响企业价值的研究角度出发，基于信息不对称理论、行为金融理论、信号传递理论等理论，对网络舆情影响企业价值进行了理论分析并剖析了影响机制，构建了以融资约束、投资者反应为中介变量，以企业规模、公司声誉为调节变量的网络舆情影响企业价值的理论模型，并形成实证研究框架，为网络舆情影响企业价值研究提供了一定的理论基础。

（2）丰富了网络舆情影响企业价值研究中的网络舆情维度划分。以往研究多是从网络舆情情感这一单一角度研究网络舆情对企业价值的影响，而构建多种网络舆情指标并综合考量其对企业价值影响的研究较少，难以全面衡量网络舆情各个方面的具体影响效果。事实上，网络舆情作为公众情感、立场、观点信息的集合，情感只是网络舆情的属性之一，而网络舆情的量级、网络舆情在公众中的影响效果等也是在考虑网络舆情时需要重点注意的属性。因此本书根据以往对网络舆情的研究，总结出网络舆情的情感、规模、影响力三个维度，并对各个维度对企业价值的影响进行了理论层面的分析，以坚实的理论支持来从这三个维度分析网络舆情对企业价值影响，进一步扩展了网络舆情影响企业价值的研究角度。

（3）构建了多方法结合的网络舆情测度方法。国内学者在对网络舆情情感指标进行测度时多采用神经网络或情感词典等单一方法，单一方法的测度没有很好地将网络舆情情感的极性与大小进行结合考量，使指标的具体影响效应没有完整体现。这类网络舆情量化方式很难全面衡量网络舆情对企业价值的影响，如网络舆情情感强弱、整体规模、影响力是否会对企业价值造成影响，这些问题在以往研究中并没有得到很好解答。本书基于CNN神经网络与情感词典这两种测度网络舆情情感的经典方法，将二者结合构建网络舆情情感量化模型，形成既具备情感方向又具备情感数值的方法对网络舆情情感进行量化。同时，以网络舆情数量作为规模指标，以层次分析法为基础结合网络舆情的信息属性和发布用户属性构建影响力指标。通过以上方法形成了考虑观点态度、传播形势、关注度的综合性网络舆情指标体系，为更充分、更系统地分析网络舆情影响企业价值提供了理论与数据基础。

（4）验证了网络舆情对企业价值影响的多方面路径。基于37家A股文娱企业在2018—2020年的财务数据及其同期的370万条网络舆情数据作为研究样本，在科学合理提出假设的基础上，验证融资约束、投资者反应在网络舆情影响企业价值中发挥的中介作用，以及对企业规模、公司声誉在网络舆情影响企业价值中起到的调节作用进行实证研究，将多种中介因素引入影响传导路径，深入剖析其中因果关系，并通过实证检验确保结果可信可靠，为未来网络舆情影响企业价值的相关研究积累了新的经验。结果表明，两种中介变量均在网络舆情影响企业价值的路径中发挥了部分中介效应，两种调节变量也发挥了部分调节作用。以往研究并没有对网络舆情的直接影响中的中介因素进行考虑，因此无法很好地对一些假设进行解释。例如网络舆情对进行网络营销的企业具有显著的影响，但部分专注线下市场的企业其企业价值也会受到线上网络评价的影响；为何企业在负面事件爆发时同期的网络舆情会影响企业股价、经营和融资等方面。本书将多种中介因素引入影响传导路径，深入剖析其中因果关系，并通过实证检验确保结果可信可靠，为未来网络舆情影响企业价值的相关研究积累了新的经验。

8.4 未来研究展望

从实际意义来说，本书研究成果可以为企业与网络关系的研究添砖增瓦。首先，对企业而言，可以从正确的网络营销与公关、引导网络舆情情绪的正确发展、避免舆情进一步发酵等角度来维护企业的互联网环境，在提升企业经营收益、股票价值的同时，也能避免因企业声誉受损造成损失。其次，对投资者而言，可以通过仔细辨别与企业相关的网络舆情从而规避不良资产带来的投资损失，同时避免跟随羊群效应被机构投资者等带入陷阱并造成资产减值。最后，对政府而言，需要结合企业网络舆情发展的形势，监测网络舆情的情感倾向和规模，选择合理的时间介入，避免不良的网络环境对企业的经营造成影响，并通过合理弘扬与引导正面网络舆情对企业进行宣传，助力实体企业实现价值增长。

但受个人学术水平、思维、实验条件的局限，本人仍有对未来研究的展望：

（1）在网络舆情指数设计方面，还可以进行更深入的研究。除网络舆情情感、规模、影响力这三方面属性外，也可以利用网络舆情引导力，即目前现有的关于企业的网络舆情信息对网民的引导作用等指标来衡量网络舆情的传播能力，也可以通过结合网络舆情主体、客体、本体、媒体、环境五个维度构建网络舆情指标，目前也有相关研究以此类维度划分方式构建指数。

（2）在网络舆情影响企业价值路径研究方面，还可以进一步研究。

网络舆情对企业的价值影响是多个方面的，仅从本书的网络舆情影响企业价值的直接影响路径和加入融资约束、投资者情绪、企业规模和公司声誉的影响路径很难涵盖所有的影响路径。例如，网络舆情也会影响政府规制，政府作为管理者会根据网络舆情所表达的民意完善基础制度，由此对企业价值带来一定影响。同时，网络舆情也会改变企业的经营环境，通过加剧行业竞争、扩大市场规模等方式影响企业价值。因此在未来研究中，可以进一步探索网络舆情通过其他路径影响企业价值。

（3）在网络舆情影响企业价值的实证检验方面，还可以进一步加强数据样本的质量。受限于本人设备机能的限制，在网络舆情信息抓取上很难进一步获取更多网络舆情信息，因此本书仅选用在A股上市的被标注为文娱企业的37家企业2018—2020年三年的网络舆情数据作为实验样本，样本数量上较少可能会对实证结果造成一定影响，因此在未来研究中可以将企业网络舆情信息抓取工作作为一项长期工作来进行，以获取更多样本数据。

（4）虽然文娱上市企业的市值与规模普遍低于生产型上市企业，但相较于大量未上市文娱行业的中小企业，文娱上市企业的规模依然较大，对于网络舆情的抵抗性也强于中小企业，网络舆情对企业价值的影响是否足够显著也应将整个行业的各类型企业都纳入其中，并将企业类型作为控制变量来研究网络舆情对企业价值的影响，没有考虑网络舆情对非上市文娱企业的影响，这也是本书研究局限性之一，因此将在以后的研究中将中小企业也纳入研究样本，来整体探究网络舆情对企业价值的影响。

参考文献

[1] 叶秋玉. 网络经济时代的物流企业营销管理变革研究 [J]. 中国物流与采购, 2022 (2): 109.

[2] 朱一佩. 中国股市的行业动量效应研究 [D]. 上海: 复旦大学, 2016.

[3] 方颖, 郭俊杰. 中国环境信息披露政策是否有效: 基于资本市场反应的研究 [J]. 经济研究, 2018, 53 (10): 160-176.

[4] VARIAN H.Artificial Intelligence, Economics, and Industrial Organization [M]. In Agrawal, Gans, and Goldfarb Eds.The Economics of Artificial Intelligence: An Agenda.University of Chicago Press, 2018: 3-10.

[5] CHEN X, CHENG Q, LOB K. On the Relationship between Analyst Reports and Corporate Disclosures: Exploring the Roles of Information Discovery and Interpretation [J]. Journal of Accounting and Economics, 2010, 49 (3): 206-226.

[6] AL-NAJJAR B, AL-NAJJAR D. The Impact of External Financing on Firm Value and a Corporate Governance Index: SME Evidence [J]. Journal of Small Business and Enterprise Development, 2017, 24 (2): 411-423.

[7] YANG J, LIAN J, LIU X. Political Connections, Bank Loans and Firm Value [J]. Nankai Business Review International, 2012, 3 (4): 376-397.

[8] 毕金玲, 赵宇凌. 监管政策驱动下不同股权再融资方式的价值效应比较

[J]. 重庆工商大学学报，2013（2）：44-52.

[9]　FAIRCHILD R J.Managerial Overconfidence，Moral Hazard Problems，and Excessive Life-Cycle Debt Sensitivity［J］. Investment Management and Financial Innovations，2009，6（3）：1-27.

[10]　YAZDANFAR D ÖHMAN P.Debt Financing and Firm Performance：An Empirical Study Based on Swedish Data［J］. The Journal of Risk Finance，2015，16（1）：102-118.

[11]　朱佳俊，周方召. 市场份额、负债融资与企业价值——基于中国房地产上市公司的实证研究［J］. 技术经济，2017（1）：117-122.

[12]　ZHANG Y R.Do Lenders Value Corporate Social Responsibility？Evidence fromChina［J］. Journal of Business Ethics，2011，104（2）：197-206.

[13]　CHENG B，IOANNOU I，SERAFEIM G.Corporate Social Responsibility and Access to Finance［J］. Strategic Management Journal，2014，35（1）：1-23.

[14]　MISHRA D R.Post-innovation CSR Pperformance and Firm Value［J］. Journal of Business Ethics，2017，140（2）：285-306.

[15]　HARJOTO M，LAKSMANA I. The Impact of Corporate Social Responsibility on Risk Taking and Firm Value［J］. Journal of Business Ethics，2016，48（4）：360-385.

[16]　张海燕，朱文静. 股权特征、社会责任与企业价值的关系测度［J］. 企业经济，2018，37（5）：49-55.

[17]　陆静，徐传. 企业社会责任对风险承担和价值的影响［J］. 重庆大学学报（社会科学版），2019，25（1）：75-95.

[18]　于春玲，周小寒，戴斐尧. 顾客参与个性化定制对品牌资产增值的影响［J］. 技术经济，2018，37（6）：103-110.

[19]　SERVAES H ，TAMAYO A .The Impact of Corporate Social Responsibility on Firm Value：The Role of Customer Awareness［J］. Management Science，2013，59（5）：1045-1061.

[20]　胡保亮，疏婷婷，田茂利. 企业社会责任、资源重构与商业模式创新［J］. 管理评论，2019，31（7）：294-304.

[21]　BARBER B M，ODEAN T.All That Glitters：The Effect of Attention and News on the Buying Behavior of Individual and Institutional Investors［M］. New York：John Wiley & Sons，Ltd，2008.

[22]　何玉芬. 股票内在价值、投资者关注与企业价值［J］. 财会通讯，2017（24）：

47-50.

[23] YUK YING CHANG，ROBERT FAFF，CHUAN-YANG HWANG.Liquidity
and Stock Returns in Japan：New Evidence［J］．Pacific-Basin Finance
Journal，2009，18（1）：126-151.

[24] 刘熠.微博舆情信息受众的参与行为拟合与靶向引导研究［D］.吉林：吉
林大学，2020.

[25] 霍夫兰.传播与劝服［M］.张建中，李雪晴，曾苑，译.北京：中国人民
大学出版社，2015.

[26] AMPOFO L，O'LOUGHLIN N .Trust，Confidence and Credibility Citizen
Responses on Twitter to Opinion Polls During the 2010 UK General
Election ［J］．Information，Communication & Society，2011（2）：
850-871.

[27] JR W P E，MOREY A C，HUTCHENS M J.Beyond Deliberation：New
Directions for the Study of Informal Political Conversation from a
Communication Perspective ［J］．Journal of Communication，2011，61
（6）：1082‑1103.

[28] SIGNORINI A，SEGRE A M，POLGREEN P M.The Use of Twitter to
Track Levels of Disease Activity and Public，Concern in the U.S.during
the Influenza A H1N1 Pandemic ［J］．PloS One，2011，6（5）：467.

[29] 董坚峰.面向公共危机预警的网络舆情分析研究［D］.武汉：武汉大学，
2013.

[30] 高俊峰.网络舆情场形成机理及信息受众观点测度研究［D］.吉林：吉林
大学，2017.

[31] MEIKLEJOHN D ，LASSWELL H .Review of National Security and
Individual Freedom by Harold Lasswell ［J］．The University of Chicago
Law Review，1951，18（3）：679.

[32] 宋姜.微博舆情演化中网民负面情感调节建模仿真研究［D］.南京：南京
理工大学，2019.

[33] 孙亦祥.网络舆情信息传播视域中传播效果理论的嬗变与思考［J］.图书
情报工作，2014，58（1）：35-39.

[34] 樊鹏翼，王晖，姜志宏，等.微博网络测量研究［J］.计算机研究与发展，
2012，49（4）：691-699.

[35] 周东浩，韩文报，王勇军.基于节点和信息特征的社会网络信息传播模型
［J］.计算机研究与发展，2015，52（1）：156-166.

［36］ TSIRAKIS N ， POULOPOULOS V ， TSANTILAS P ， et al. Large Scale
Opinion Mining for Social， News and Blog Data ［J］． Journal of
Systems & Software，2016，127（5）：237-248.

［37］ 韩忠明，李梦琪，刘雯，等．网络评论方面级观点挖掘方法研究综述［J］.
软件学报，2018，29（2）：417-441.

［38］ LI X ， ZHAO Q ， LIU L ， et al. Improve Affective Learning with EEG
Approach ［J］． Computing & Informatics，2010，29（4）：557-570.

［39］ 邓君，孙绍丹，王阮，等．基于Word2Vec和SVM的微博舆情情感演化分
析［J］．情报理论与实践，2020，43（8）：112-119.

［40］ 李继东，王移芝．基于扩展词典与语义规则的中文微博情感分析［J］．计
算机与现代化，2018（2）：89-95.

［41］ HUANG S ， NIU Z ， SHI C .Automatic Construction of Domain-specific
Sentiment Lexicon Based on Constrained Label Propagation ［J］.
Knowledge Based Systems，2014，56（1）：191-200.

［42］ 胡玉琦，李婧，常艳鹏，等．引入注意力机制的BiGRU-CNN情感分类模
型［J］．小型微型计算机系统，2020，41（8）：1602-1607.

［43］ 张柳，王晰巍，黄博，等．基于字词向量的多尺度卷积神经网络微博评论
的情感分类模型及实验研究［J］．图书情报工作，2019，63（18）：
99-108.

［44］ 刘倩．观点挖掘中评价对象抽取方法的研究［D］．南京：东南大学，
2016.

［45］ 王晓涵，余正涛，相艳，等．基于特征扩展卷积神经网络的案件微博观点
句识别［J］．中文信息学报，2020，34（9）：62-69.

［46］ 尹裴．中文在线产品评论中"特征-观点对"的挖掘方法［J］．中国集体经
济，2019（12）：56-58.

［47］ PENG Y ， WAN C X ， JIANG T J ， et al. Extracting Product Aspects and
User Opinions Based on Semantic Constrained LDA Model ［J］． Journal
of Software，2017：56-61.

［48］ LADDHA A ， MUKHERJEE A .Aspect Opinion Expression and Rating
Prediction Via LDA - CRF Hybrid ［J］． Natural Language Engineering，
2018：1-29.

［49］ KEYNES J M .The General Theory of Employment，Interest and Money
［J］． Foreign Affairs （Council on Foreign Relations），1936，7（5）．

［50］ 胡君晖．行为金融理论视角下中小企业融资困境研究［D］．武汉：华中科

技大学，2011.

[51] YANG Y, ZHANG B , ZHANG C.Is Information Risk Priced? Evidence from Abnormal Idiosyncratic Volatility ［J］. Working Paper, 2015.

[52] 于李胜，王艳艳. 信息风险与市场定价 ［J］. 管理世界，2007（2）：76-85.

[53] SPENCE M. Job Market Signaling ［J］. The Quarterly Journal of Economics，1973，87（3）：355-374.

[54] 高艳慧，万迪昉，蔡地. 政府研发补贴具有信号传递作用吗？——基于我国高技术产业面板数据的分析 ［J］. 科学学与科学技术管理，2012（1）：5-11.

[55] MEULEMAN M , W DE MAESENEIRE.Do R&D Subsidies Affect SMEs' Access to External Financing? ［J］. Research Policy, 2012, 41（3）：580-591.

[56] 郭晓丹，何文韬，肖兴志. 战略性新兴产业的政府补贴、额外行为与研发活动变动 ［J］. 宏观经济研究，2011（11）：63-69；111.

[57] 李辰颖，景萍萍. 解决上市公司业绩预告变更问题的相关建议 ［J］. 财务与会计，2014（12）：59.

[58] 金雪军，祝宇，杨晓兰. 网络媒体对股票市场的影响——以东方财富网股吧为例的实证研究 ［J］. 新闻与传播研究，2013，20（12）：36-51；120.

[59] UYAR A, BOYAR E, KUZEY C.Does Social Media Enhance Firm Value? Evidence from Turkish Firms Using Three Social Media Metrics ［J］. Electronic Journal of Information SystemsEvaluation, 2018, 21（2）：131-142.

[60] 胡军，王甄，陶莹，等. 微博、信息披露与分析师盈余预测 ［J］. 财经研究，2016，42（5）：66-76.

[61] TSUKIOKA Y , YANAGI J , TAKADA T .Investor Sentiment Extracted from Internet Stock Message Boards and IPO Puzzles ［J］. International Review of Economics & Finance, 2018, 56（JUL.）：205-217.

[62] YUN J L , CHO H G , WOO G .Analysis on Stock Market Volatility with Collective Human Behaviors in Online Message Board ［C］// IEEE International Conference on Computer & Information Technology.Xian：IEEE, 2014.

[63] 许汝俊. 分析师跟踪网络、融资决策与企业价值 ［D］. 武汉：中南财经政法大学，2019.

［64］ CARRETTA A，FARINA V，D MARTELLI，et al. The Impact of Corporate Governance Press News on Stock Market Returns ［J］. European Financial Management，2011，17（1）.

［65］ 胡鸿宇. 基于网络舆论的投资者情绪对股价影响的实证分析［D］. 上海：上海外国语大学，2017.

［66］ GUO Z，et al. A feature Fusion Based Forecasting Model for Financial Time Series ［J］. PLOS One，2014，9（6）：e101113.

［67］ 王苏生，王俊博，李光路. 基于 ARMA 模型的沪深 300 股指期货高频数据收益率研究与预测［J］. 华北电力大学学报（社会科学版），2018（3）：71-79.

［68］ BAO W，YUE J，RAO Y.A Deep Learning Framework for Financial Time Series Using Stacked Autoencoders and Long-short Term Memory ［J］. PLOS One，2017，12（7）：e180944.

［69］ 方义秋，卢壮，葛君伟. 联合 RMSE 损失 LSTM-CNN 模型的股价预测［J］. 计算机工程与应用，2022（4）：1-10.

［70］ 于赐龙，史振宇，谢允昊，等. 基于自然语言处理的舆情分析和股价涨跌预测系统［J］. 系统工程，2021，39（5）：114-123.

［71］ MILLER G S，SKINNER D J . The Evolving Disclosure Landscape：HowChanges in Technology，the Media，and Capital Markets are Affecting Disclosure ［J］. Journal of Accounting Research，2015（53）：221-239.

［72］ 罗鹏，陈义国，许传华. 百度搜索、风险感知与金融风险预测——基于行为金融学的视角［J］. 金融论坛，2018，23（1）：39-51.

［73］ 安雅慧. 基于计算实验方法的金融市场信息传播研究［D］. 天津：天津财经大学，2012.

［74］ 粟亚亚. 网络舆情的金融资产价格波动效应研究［D］. 长沙：湖南大学，2020.

［75］ 宗计川，付嘉，包特. 交易者认知能力与金融资产价格泡沫：一个实验研究［J］. 世界经济，2017，40（6）：167-192.

［76］ KIM Y，PARK M S，WIER B.Is Earnings Quality Associated with Corporate Social Responsibility ［J］. The Accounting Review，2012，8（3）：761-796.

［77］ 王希祝. 基于行为金融理论的证券投资策略研究［D］. 济南：山东大学，2012.

［78］ 易志高，潘子成，茅宁，等. 策略性媒体披露与财富转移——来自公司高

管减持期间的证据 [J]. 经济研究, 2017 (4): 166-180.

[79]　刘飞, 王开科. 我国中小板上市公司是投资不足还是投资过度? [J]. 经济评论, 2014 (4).

[80]　宋献中, 胡珺, 李四海. 社会责任信息披露与股价崩盘风险——基于信息效应与声誉保险效应的路径分析 [J]. 金融研究, 2017 (4): 161-175.

[81]　郑超愚, 孟祥慧. 企业声誉、市场竞争与商业信用融资——基于中国上市公司的经验考察 [J]. 东岳论丛, 2021, 42 (1): 98-106; 191-192.

[82]　韩玮, 陈安. 基于焦耳定律的公共危机事件网络舆情热度模型研究 [J]. 情报科学, 2021, 39 (2): 24-33.

[83]　齐丽云, 李晓鸿, 曹硕. 企业社会责任负面事件网络舆情演化与政企合作研究 [J]. 系统工程理论与实践, 2020, 40 (7): 1792-1805.

[84]　魏静, 丁乐蓉, 朱恒民, 等. 基于情感和亲密度的社交网络舆情传播模型研究 [J]. 情报科学, 2021, 39 (4): 37-46.

[85]　陆敬筠, 胡舜奕, 俞建光. 基于LDA-BiLSTM模型的高校网络舆情监测方法及实证 [J]. 情报理论与实践, 2020, 43 (11): 156-161.

[86]　黄微, 朱镇远, 许烨婧, 等. 网络舆情衍进指数构建与实证分析 [J]. 图书情报工作, 2019, 63 (20): 26-33.

[87]　张林, 钱冠群, 樊卫国, 等. 轻型评论的情感分析研究 [J]. 软件学报, 2014, 25 (12): 2790-2807.

[88]　余本功, 张书文. 基于BAGCNN的方面级别情感分析研究 [J]. 数据分析与知识发现, 2021, 10 (3): 1-16.

[89]　杨鼎, 阳爱民. 一种基于情感词典和朴素贝叶斯的中文文本情感分类方法 [J]. 计算机应用研究, 2010, 27 (10): 3737-3739.

[90]　张岚岚. 新浪微博的网络舆情分析研究——模型、设计与实验 [D]. 武汉: 华中师范大学. 2011: 38-42.

[91]　PANG B, LEE L. Opinion Mining and Sentiment Analysis [J]. Foundations and Trends in Information Retrieval, 2008, 2 (1-2): 130-135.

[92]　陈国兰. 基于情感词典与语义规则的微博情感分析 [J]. 情报探索, 2016 (2): 1-6.

[93]　马宁, 于光, 闫相斌. 基于舆情评论数据挖掘的政府回应策略优化方法研究——以新冠疫情援助物资使用舆情事件为例 [J]. 电子政务, 2021 (9): 23-35.

[94]　陈莉, 王鸶飞. 突发公共卫生事件下网络舆论演化及治理研究 [J]. 科技

通报，2021，37（8）：126-131.

[95] 韩佳伶，余天池. 基于LDA主题知识图谱的公共安全事件微博舆情实证研究——以"山西农村饭店坍塌事件"为例［J］. 情报探索，2021（9）：85-93.

[96] 戴建华，周斯琦. 基于有限理性视角的网络舆情传播模型构建［J］. 情报理论与实践，2021（10-11）：1-12.

[97] 黄微，宋先智，高俊峰. 网络舆情场中信息受众观点群落的连接鲁棒性测度及实证研究［J］. 情报学报，2017，36（5）：503-510.

[98] 刘熠. 微博舆情信息受众的参与行为拟合与靶向引导研究［D］. 吉林：吉林大学，2020.

[99] 王晰巍，张柳，黄博，等. 基于LDA的微博用户主题图谱构建及实证研究——以"埃航空难"为例［J］. 数据分析与知识发现，2020，4（10）：47-57.

[100] 孙羽，裘江南. 基于网络分析和文本挖掘的意见领袖影响力研究［J］. 数据分析与知识发现，2021（10-18）：1-18.

[101] 陈健瑶，夏立新，刘星月. 基于主题图谱的网络舆情特征演化及其可视化分析［J］. 情报科学，2021，39（5）：75-84.

[102] 刘伟涛，顾鸿，李春洪. 基于德尔菲法的专家评估方法［J］. 计算机工程，2011（S1）：189-191.

[103] DANIEL FONSECA COSTA, FRANCISVAL DE MELO CARVALHO, BRUNO CESAR DE MELO MOREIRA，et al.Bibliometric Analysis on the Association between Behavioral Finance and Decision Making with Cognitive Biases such as Overconfidence，Anchoring Effect and Confirmation Bias［J］. Scientometrics，2017，111（3）.

[104] 魏杨. 基于新浪微博的企业负面网络舆情传播特征研究［D］. 合肥：安徽大学，2013.

[105] TETLOCK，PAUL C，SAAR TSECHANSKY，et al.More Than Words：Quantifying Language to Measure Firms'Fundamentals［J］. CFA Digest，2008.

[106] FRIJNS B，VERSCHOOR W，ZWINKELS R. Excess Stock Return Comovements and the Role of Investor Sentiment［J］. SSRN Electronic Journal，2011.

[107] 邓艳. 基于雪球网社会化投资平台投资者情绪与股价波动关系实证研究［D］. 广州：华南理工大学，2016.

[108] 欧阳哲. 危机情境下企业声誉对利益相关者行为反应的影响研究 [D]. 合肥：中国科学技术大学，2016.

[109] ZHI D A, ENGELBERG J, GAO P.In Search of Attention [J]. Journal of Finance，2011.

[110] TRIPATHY N.The Relation between Price Changes and Trading Volume：A Study in Indian Stock Market [J]. Interdiplinary Journal of Research in Business，2011，1 (7)：81-95.

[111] 申琦，廖圣清. 网络接触、自我效能与网络内容生产——网络使用影响上海市大学生网络内容生产的实证研究 [J]. 新闻与传播研究，2012，19 (2)：35-44；110.

[112] 宋敏晶. 基于情感分析的股票预测模型研究 [D]. 哈尔滨：哈尔滨工业大学，2013.

[113] 张琬林. 企业网络舆情演化博弈模型研究 [D]. 哈尔滨：哈尔滨理工大学，2020.

[114] LANE K.The Effect of Public Opinion on Social Policy Generosity [J]. Socio-Economic Review，2009 (4)：727-740.

[115] 李成刚，贾鸿业，赵光辉，等. 基于信息披露文本的上市公司信用风险预警——来自中文年报管理层讨论与分析的经验证据 [J]. 中国管理科学，2021，(11)，1-14.

[116] SABHERWAL S，SARKAR S K，YING Z.Online Talk：Does It Matter？[J]. Managerial Finance，2008，34 (6)：423-436.

[117] 段珊珊，朱建明. 基于网络舆情的企业财务危机动态预警 [J]. 北京邮电大学学报（社会科学版），2016，18 (6)：31-38；73.

[118] 宋婕，张俊民，李会云. 媒体报道能缓解企业融资约束吗？基于商业信用融资视角 [J]. 北京工商大学学报（社会科学版），2019，34 (4)：60-73.

[119] 邓翔，向书坚，唐毅. 中国上市公司融资约束的行业特征分析——基于641家上市企业的 Logistic 回归分析 [J]. 宏观经济研究，2014 (1)：107-117；125.

[120] ALLEN F，QIAN J，QIAN M.Law，Finance，and Economic Growth in China [J]. Journal of Financial Economics，2005，77 (1).

[121] 李培功，沈艺峰. 媒体的公司治理作用：中国的经验证据 [J]. 经济研究，2010 (4)：14-27.

[122] 卢文彬，官峰，张佩佩，等. 媒体曝光度、信息披露环境与权益资本成本

［J］. 会计研究，2014（12）：66-71；96.

［123］ 夏楸，杨一帆，郑建明. 媒体报道、媒体公信力与债务成本［J］. 管理评论，2018，30（4）：180-193.

［124］ 王燕妮，杨慧. 融资方式、资本化研发选择与企业价值［J］. 预测，2018（2）：44-49.

［125］ 戴飞燕，曾喜喜，常媛. 文化企业融资结构对企业价值的影响——基于区域与产权性质差异视角［J］. 中国乡镇企业会计，2022（1）：27-29.

［126］ 俞俊宇. 融资约束、机构投资者持股与企业价值［J］. 现代商业，2021（27）：137-140.

［127］ MISHRA D R.Post-Innovation CSR Performance and Firm Value［J］. SSRN Electronic Journal，2015.

［128］ 张瑶. 企业社会责任、融资约束与企业价值的关系研究［D］. 西安：西安建筑科技大学，2021.

［129］ 沈艺峰，李培功，杨晶. 社会规范变化对证券市场机构投资者行为的影响［J］. 财务研究，2017，（1）：4-15.

［130］ 狄程. 管理层股权激励对公司投资效率的影响［D］. 北京：首都经济贸易大学，2015.

［131］ 何瑛，张大伟. 管理者特质、负债融资与企业价值［J］. 会计研究，2015，（8）：65-72；97.

［132］ 夏波. 网络舆情、市场效应与投资者有限理性分析［J］. 投资研究，2015，34（3）：119-130.

［133］ TETLOCK P C.Giving Content to Investor Sentiment：The Role of Media in the Stock Market［J］. The Journal of Finance，2007，62（3）：1139-1168.

［134］ 孙有发，郭旭冲，梁肖肖，等. 现实复杂情形下的SIRS型传染病模型及其控制策略［J］. 系统仿真学报，2010，22（1）：195-200.

［135］ 姜飞戎，孙英隽. 非常规突发事件下投资者情绪传染机制研究——基于医学传染病SIR模型［J］. 中国物价，2021（12）：68-70.

［136］ 陈继萍，徐蒙蒙，吴畅. 中小投资者群体悲观情绪与大股东"掏空"——基于股票网络论坛的研究［J］. 会计之友，2021，（13）：91-97.

［137］ KELLY P J，F MESCHKE.Sentiment and Stock Returns：The SAD Anomaly Revisited［J］. Journal of Bankingand Finance，2010，34（6）：1308- 1326.

［138］ TETLOCK P C. Does Public Financial News Resolve Asymmetric

Information？［J］. Review of Financial Studies，2010，23（9）：3520-3557.

［139］ 刘婵媛. 新闻报道、投资者行为与股票市场表现［D］. 北京：北京交通大学，2021.

［140］ BAKER M，STEIN J C.Market Liquidity as a Sentiment Indicator［J］. Journal of Financial Markets，2004，（7）：271-299.

［141］ ALMANSOUR B Y.The Impact of Market Sentiment Index on Stock Returns：An Empirical Investigation on Kuala Lumpur Stock Exchange［J］. International Refereed Research Journal，2015，4（3）：1-28.

［142］ 黄雨婷，宋泽芳，李元. 基于文本挖掘的股评情绪效应分析［J］. 数理统计与管理. 2022（1）：1-14.

［143］ 黄氏水. 高管特征、投资者情绪与公司投资及绩效［D］. 广州：华南理工大学，2019.

［144］ 周亮，邓亮东. 行业趋同度、投资者情绪与股市下跌风险［J］. 金融理论探索，2021，（6）：15-25.

［145］ 陈娟娟. 我国互联网金融投资者投资行为和认知偏差的实证研究［D］. 长沙：湖南大学，2018.

［146］ OMBAI P O.An Investigation of the "Herd Effect" at the NSE During the Global Financial Crisis［J］. University of Nairobi Kenya，2010.

［147］ WEI Z H，WANG M，et al.The Study on the Bilateral Spillover Herd Effect on China's Stock Market Based on the Risk Contagion Theory［J］. Modern Finance and Economics-Journal of Tianjin University of Finance and Economics，2017.

［148］ 黄波，姜华东. 情绪引致的股价噪声会增进投资-估值敏感性吗——源自中国股市的经验证据［J］. 广东财经大学学报，2021，36（6）：79-97.

［149］ 李京京，夏志杰. 投资者情绪与企业专利泡沫——基于媒体报道的调节效应［J］. 生产力研究，2021（10）：87-90.

［150］ 李伟，米欣谊. 投资过度与股价崩盘风险的关系研究——基于媒体报道的调节效应［J］. 会计之友，2020（8）：104-109.

［151］ 姜杨，闫相斌. 基于议程设置的新闻媒体报道对上市公司股票收益影响的实证研究［J］. 金融理论与实践，2015（6）：78-84.

［152］ 刘锋，叶强，李一军. 媒体关注与投资者关注对股票收益的交互作用：基于中国金融股的实证研究［J］. 管理科学学报，2014，17（1）：72-85.

［153］ 刘名旭，向显湖. 环境不确定性、企业特征与财务柔性［J］. 宏观经济研

究，2014（4）：127-134.

[154] 王满，许诺，田旻昊. 融资约束、财务柔性与企业投资不足 [J]. 财经问题研究，2016（9）：85-93.

[155] 李可萱，瞿晓宇，陈健. 融资约束视角下企业规模、产权性质与企业价值的实证研究——以A股造纸业上市企业为例 [J]. 热带农业工程，2020，44（1）：29-34.

[156] 乔雅. 企业信用评级影响因素研究 [D]. 北京：华北电力大学，2021.

[157] 张月馨. 规模扩张对企业价值的阶段性效应研究 [D]. 贵阳：贵州财经大学，2020.

[158] 姚海博. 董事专业背景和企业规模对企业环境信息披露质量的影响研究 [D]. 西安：西北大学，2019.

[159] 王春宇. 网络舆情对企业绩效的影响研究 [D]. 哈尔滨：哈尔滨工业大学，2018.

[160] 王悦. 媒体关注度、环境不确定性对企业价值的影响研究 [D]. 上海：上海财经大学，2020.

[161] 彭新育，彭嘉嘉. 风险投资声誉、企业后续融资约束与企业创新——来自新三板企业面板数据的经验证据 [J]. 会计之友，2021（14）：88-94.

[162] 谷秀娟，赵家未. 企业诉讼、融资约束与企业创新 [J]. 会计之友，2022（1）：74-81.

[163] 胡芳. 媒体负面报道对中小投资者保护的作用及其机理研究 [D]. 广州：华南理工大学，2015.

[164] 佟岩，陈莎莎. 生命周期视角下的股权制衡与企业价值 [J]. 南开管理评论，2010，13（1）：108-115.

[165] WAIN U，GRAHAM R. Burrus，et al. MOFFETT. The Impact of Investor Sentiments on Real Estate Prices [D]. Wilmington：Annals of the International Business Administration at UNC Wilmington，2016，15（2）.

[166] 白俊，连立帅. 信贷资金配置差异：所有制歧视抑或禀赋差异？[J]. 管理世界，2012（6）：30-42；73.

[167] 吴向阳. 我国上市公司声誉与企业价值关系研究 [D]. 苏州：苏州大学，2014.

[168] 王满，许诺，于浩洋. 环境不确定性、财务柔性与企业价值 [J]. 财经问题研究，2015（6）.

[169] 王筱纶，顾洁. 企业危机网络舆情的传播路径及其在供应链中的纵向溢出效应研究 [J]. 管理科学，2019，32（1）：42-55.

［170］ 黎精明，王溶健. 财务柔性、企业规模和企业价值的相关性 ［J］. 财会月刊，2017（23）：46-51.

［171］ 张忠寿，朱旭强. 中国科技企业创新能力与 IPO、盈利能力、资本结构和企业规模关系研究 ［J］. 宏观经济研究，2022（2）：147-154.

［172］ STANNY E. Voluntary Disclosures of Emissions by US Firms ［J］. Business Strategy and the Environment，2013，22（3）：145-158.

［173］ DHALIWAL D S，LI O Z，TSANG A.Voluntary Non-financial Disclosure and the Cost of Equity Capital：The Initiation of Corporate Social Responsibility Reporting ［J］. The Accounting Review，2011（86）：59-100.

［174］ ELEFTHERIADIS I M，ANAGNOSTOPOULOU E G. Relationship Between Corporate Climate Change Disclosures and Firm Factors ［J］. Business Strategy and the Environment，2014（32）：273-256.

［175］ 张晓燕，李金宝. 数字普惠金融、融资约束与企业价值——基于中国 2011—2018 上市 A 股公司的经验数据 ［J］. 金融发展研究，2021（8）：20-27.

［176］ FRANKLIN ALLEN，ASLI DEMIRGUC-KUNT，LEARA KLAPPER，et al. The Foundations of Financial Inclusion：Understanding Ownership and Use of Formal Accounts ［J］. Journal of Financial Intermediation，2015.

［177］ DUONG T.NHAN，HOANG T.THUY.A Study on the Impact of Free Cash Flow on Firm Performance of Joint Stock Companies of VietNam National Coal-mineral Industries Holding Corporation limited ［J］. Economic Management in Mineral Activities - EMMA4，2018（4）：318-323.

［178］ 孙红燕. 高管持股与公司财务绩效关系的研究——以交通运输业上市公司为例 ［J］. 商业经济，2018（6）：140-142.

索引

网络舆情对企业价值的影响的理论研究

Theoretical Research on the Impact of Online
Public Opinion on Corporate Value

闫璐 著

ISBN 978-7-5654-5273-4

9 787565 452734 >

定价：62.00元